Hamid Rhazi

Le bonheur extraordinaire

Hamid Rhazi

Le bonheur extraordinaire

Éditions Vie

Imprint

Cover image: www.ingimage.com

Publisher:
Éditions Vie
is a trademark of
Dodo Books Indian Ocean Ltd. and OmniScriptum S.R.L publishing group

120 High Road, East Finchley, London, N2 9ED, United Kingdom
Str. Armeneasca 28/1, office 1, Chisinau MD-2012, Republic of Moldova, Europe
Printed at: see last page
ISBN: 978-613-9-59363-7

Introduction :

Bienvenue dans le livre "Le bonheur extraordinaire", un guide qui vous invite à explorer les multiples facettes du bonheur et à découvrir des moyens simples mais puissants pour l'atteindre dans votre vie quotidienne. Ce livre est une invitation à embrasser une perspective nouvelle sur le bonheur, en mettant l'accent sur dix sources de joie et d'épanouissement, soutenues par des preuves scientifiques solides.
Dans ce monde trépidant et parfois stressant, il est essentiel de prendre le temps de cultiver le bonheur et de trouver des moments de joie authentique. Ce livre vous propose une approche holistique du bonheur, en explorant différentes dimensions de la vie et en offrant des outils pratiques pour y accéder, tout en s'appuyant sur des recherches scientifiques approfondies.
Les dix bonheurs extraordinaires présentés dans ce livre sont autant de clés pour ouvrir les portes d'une vie plus épanouissante et significative. Chacun de ces bonheurs repose sur des principes simples mais profonds, qui ont le pouvoir de transformer votre quotidien et d'apporter une richesse nouvelle à votre existence.
Dans les pages qui suivent, vous découvrirez comment les micro-actions peuvent nourrir votre bonheur, en vous concentrant sur de petites actions simples et réalisables au quotidien. Vous explorerez également le bonheur du partage, en comprenant l'importance de donner aux autres et de cultiver des liens sociaux solides, tout en s'appuyant sur des études scientifiques qui démontrent les bienfaits de ces pratiques.
Le livre vous guidera également dans la recherche du bonheur à travers l'exploration de nouveaux horizons, que ce soit par le voyage ou l'exploration intellectuelle, tout en mettant en évidence les découvertes scientifiques sur les avantages de ces expériences enrichissantes.
Vous découvrirez comment la créativité, la nature, l'altruisme, la spiritualité, l'engagement, la curiosité et l'acceptation jouent tous un rôle crucial dans notre quête du bonheur authentique, soutenus par des preuves scientifiques convaincantes.
Dans le dernier chapitre captivant, nous combinerons les différents types de bonheur en associant chacun avec l'autre, révélant les synergies et les avantages d'une approche intégrée du bonheur. Nous explorerons comment ces différents aspects se nourrissent mutuellement, créant une expérience de bonheur plus profonde et durable.
L'objectif de ce livre est de vous inspirer à embrasser ces différentes dimensions du bonheur, en vous appuyant sur des preuves scientifiques solides, et à intégrer ces

pratiques dans votre vie quotidienne. Chaque chapitre vous offrira des conseils, des exercices pratiques et des réflexions profondes pour vous aider à cultiver le bonheur extraordinaire dans votre vie.
Préparez-vous à découvrir le bonheur extraordinaire qui vous attend, soutenu par la science et l'exploration audacieuse des différentes sources de joie !

I : Le bonheur des micro-actions

Se concentrer sur des actions simples et rapides à réaliser, comme écrire une note de gratitude ou prendre une respiration profonde, pour stimuler la joie de vivre dans la vie quotidienne.

Dans notre monde actuel, il est facile de se laisser submerger par le stress, les obligations et les distractions constantes. Il est donc de plus en plus important de trouver des moyens simples et efficaces de retrouver notre équilibre et notre bonheur intérieur. C'est dans cette optique que les micro-actions ont été développées comme une solution pratique pour générer du bonheur dans notre vie quotidienne.

Mais qu'est-ce qu'une micro-action, exactement ? Tout simplement, c'est une action simple, rapide et facile à réaliser, qui peut avoir un impact positif sur notre humeur, notre énergie et notre bien-être. Les micro-actions peuvent être effectuées à tout moment de la journée, dans n'importe quel contexte, et ne nécessitent souvent que quelques secondes ou quelques minutes de notre temps. Parmi les exemples les plus courants de micro-actions, on trouve :

- Prendre une respiration profonde
- Écrire une note de gratitude
- Faire une pause pour s'étirer
- Écouter une chanson qui nous inspire
- Sourire à un étranger
- Se rappeler un moment heureux
- Méditer pendant quelques minutes
- Prendre une tasse de thé ou de café
- Marcher dans la nature
- Prendre un moment pour lire un livre ou un article inspirant

L'impact de ces micro-actions peut sembler minime, mais leur effet cumulatif peut être significatif. En effet, en prenant l'habitude de réaliser régulièrement des micro-actions positives, nous pouvons stimuler notre bonheur intérieur, réduire notre stress et notre anxiété, et améliorer notre bien-être général. Les micro-actions peuvent également nous aider à être plus présent et conscient de notre environnement, en nous rappelant de nous concentrer sur le moment présent plutôt que sur nos soucis passés ou futurs.

Les micro-actions sont également faciles à intégrer dans notre vie quotidienne, car elles ne nécessitent pas de temps ou de ressources considérables. Au lieu de cela, elles peuvent être réalisées à tout moment, que ce soit au travail, à la maison, en déplacement ou pendant les loisirs. En outre, les micro-actions peuvent être adaptées à nos préférences individuelles, en fonction de nos goûts, de nos valeurs et de nos croyances.

Pour mettre en pratique les micro-actions, il est important de les intégrer dans notre routine quotidienne. Nous pouvons commencer par en choisir quelques-unes qui nous inspirent le plus, puis les intégrer dans notre emploi du temps quotidien, que ce soit en les planifiant à l'avance ou en les intégrant dans des moments de la journée qui se prêtent naturellement à leur réalisation. En prenant l'habitude de réaliser régulièrement des micro-actions positives, nous pouvons créer un cercle vertueux de bonheur et de bien-être dans notre vie quotidienne.

En conclusion, les micro-actions sont une stratégie simple et efficace pour stimuler notre bonheur intérieur, réduire notre stress et notre anxiété, et améliorer notre bien-être général. Elles peuvent être facilement intégrées dans notre routine quotidienne

Exemples pratiques de micro-actions que tu peux intégrer dans ta vie quotidienne:

1. Prendre une respiration profonde : Prendre une pause de quelques secondes pour inspirer profondément et expirer lentement peut aider à calmer l'esprit et à réduire le stress.
2. Écrire une note de gratitude : Prendre quelques minutes pour écrire une note de remerciement ou de gratitude à quelqu'un qui a eu un impact positif dans notre vie peut nous aider à apprécier les gens et les expériences qui nous entourent.
3. Faire une pause pour s'étirer : Prendre quelques minutes pour s'étirer peut aider à soulager les tensions musculaires et à stimuler la circulation sanguine, ce qui peut contribuer à améliorer notre énergie et notre humeur.
4. Écouter une chanson qui nous inspire : Prendre une pause pour écouter une chanson qui nous inspire ou nous apporte de la joie peut nous aider à nous reconnecter à nos émotions positives et à augmenter notre motivation.
5. Sourire à un étranger : Prendre le temps de sourire à un étranger peut aider à créer une ambiance positive dans notre environnement et à favoriser les interactions sociales positives.
6. Se rappeler un moment heureux : Prendre quelques instants pour se souvenir d'un moment heureux ou d'une expérience positive peut aider à augmenter notre sentiment de gratitude et de bien-être.

7. Méditer pendant quelques minutes : Prendre quelques minutes pour méditer peut aider à calmer l'esprit et à réduire le stress, ce qui peut contribuer à améliorer notre humeur et notre énergie.
8. Prendre une tasse de thé ou de café : Prendre une pause pour prendre une tasse de thé ou de café peut aider à favoriser la détente et à augmenter notre énergie.
9. Marcher dans la nature : Prendre le temps de marcher dans la nature peut aider à soulager le stress et à augmenter notre sentiment de bien-être.
10. Prendre un moment pour lire un livre ou un article inspirant : Prendre quelques instants pour lire un livre ou un article inspirant peut nous aider à nous reconnecter à nos passions et à nos valeurs, et à nous motiver à poursuivre nos objectifs.

Les recherches scientifiques sur le bonheur des micro-actions

Ils sont relativement récents, mais de plus en plus d'études s'intéressent à ce concept. Voici quelques exemples de recherches :

- Une étude de 2019 publiée dans la revue Emotion a révélé que les personnes qui pratiquent des micro-actions positives quotidiennes, telles que dire merci ou faire un compliment, ont une meilleure santé mentale et sont plus satisfaites de leur vie.
- Une autre étude publiée en 2020 dans la revue Frontiers in Psychology a montré que les micro-actions positives peuvent réduire les niveaux de stress et d'anxiété chez les personnes atteintes de troubles de l'humeur.
- Une étude de 2018 publiée dans la revue Journal of Positive Psychology a examiné l'effet des micro-actions sur la satisfaction de vie et a montré que même de petites actions comme sourire à un étranger peuvent améliorer le bien-être subjectif.
- Une étude de 2021 publiée dans la revue Applied Psychology: Health and Well-being a révélé que la pratique de micro-actions positives peut améliorer la qualité de vie et réduire les symptômes de dépression chez les personnes atteintes de cancer.
- Une étude de 2019 publiée dans la revue Journal of Happiness Studies a montré que les micro-actions peuvent renforcer les relations interpersonnelles et améliorer le bien-être social.
- Une étude de 2017 publiée dans la revue Social Science & Medicine a examiné l'effet des micro-actions positives sur la santé physique et a montré que ces actions peuvent réduire les niveaux de cortisol, l'hormone du stress.

- Une étude de 2020 publiée dans la revue BMC Public Health a examiné l'impact des micro-actions sur la santé mentale des professionnels de la santé en première ligne pendant la pandémie de COVID-19, et a montré que ces actions peuvent améliorer le bien-être mental.
- Une étude de 2019 publiée dans la revue Journal of Positive Psychology a examiné l'effet des micro-actions sur la gratitude et a montré que ces actions peuvent augmenter les niveaux de gratitude chez les participants.
- Une étude de 2020 publiée dans la revue PLOS ONE a examiné l'effet des micro-actions sur le bien-être des étudiants universitaires et a montré que ces actions peuvent améliorer le bien-être subjectif.
- Une étude de 2018 publiée dans la revue Personality and Individual Differences a montré que les micro-actions peuvent améliorer la satisfaction de vie chez les personnes atteintes de troubles de l'humeur.
- Une étude de 2019 publiée dans la revue Journal of Happiness Studies a examiné l'effet des micro-actions sur l'estime de soi et a montré que ces actions peuvent augmenter l'estime de soi chez les participants.
- Une étude de 2021 publiée dans la revue Social Science & Medicine a examiné l'effet des micro-actions sur le bien-être mental des personnes atteintes de diabète de type 2 et a montré que ces actions peuvent améliorer le bien-être mental.

Vous pouvez intégrer dans votre vie quotidienne pour atteindre un niveau supérieur de bonheur ceci :

- Réaliser une action de gentillesse aléatoire : Prendre l'initiative de réaliser une action de gentillesse aléatoire pour quelqu'un que nous ne connaissons pas, comme payer le café de la personne suivante en file d'attente, peut nous aider à ressentir un sentiment de connexion et de contribution positive.
- Créer une liste de nos rêves les plus fous : Prendre le temps de noter tous nos rêves les plus fous, même ceux que nous croyons impossibles à réaliser, peut nous aider à identifier nos aspirations les plus profondes et à nous motiver à poursuivre des objectifs ambitieux.
- Participer à une activité qui nous effraie : Prendre l'initiative de participer à une activité qui nous effraie, comme un cours de danse ou de théâtre, peut nous aider à sortir de notre zone de confort et à nous sentir plus confiants et plus vivants.

- Créer une liste de nos plus grandes réalisations : Prendre le temps de réfléchir à nos plus grandes réalisations et de les noter peut nous aider à développer notre confiance en nous et à renforcer notre estime de soi.
- Organiser une soirée de gratitude avec nos amis : Organiser une soirée de gratitude avec nos amis, où chaque personne partage ce pour quoi elle est reconnaissante, peut aider à renforcer les liens sociaux et à promouvoir un sentiment de communauté et de bien-être collectif.
- Créer une vision board : Créer une vision board avec des images et des citations qui représentent nos aspirations et nos rêves peut nous aider à visualiser nos objectifs et à nous motiver à travailler pour les réaliser.
- Pratiquer une activité artistique ou artisanale : Prendre le temps de pratiquer une activité artistique ou artisanale, comme la peinture ou le tricot, peut nous aider à développer notre créativité et à ressentir un sentiment d'accomplissement et de satisfaction.
- Faire une promenade nocturne sous les étoiles : Prendre une promenade nocturne sous les étoiles peut nous aider à ressentir un sentiment de connexion à l'univers et à nous rappeler l'immensité et la beauté de la vie.
- Organiser une journée de déconnexion numérique : Organiser une journée de déconnexion numérique, où nous éteignons nos appareils électroniques et nous concentrons sur des activités plus physiques et plus sociales, peut nous aider à réduire le stress et à renforcer les liens avec les autres.
- Créer une carte du bonheur : Créer une carte du bonheur avec des notes sur les moments de notre vie où nous avons ressenti le plus de bonheur et de satisfaction peut nous aider à identifier les situations et les activités qui contribuent le plus à notre bien-être et à les intégrer plus souvent dans notre quotidien.

Une histoire ..!

Il était une fois une femme nommée Marie, qui se sentait bloquée dans sa vie et qui cherchait désespérément à trouver un moyen d'atteindre un niveau supérieur de bonheur. Un jour, elle a rencontré une voyante qui lui a conseillé de suivre 10 micro-actions pour atteindre le bonheur extraordinaire 9.0.

Marie a décidé de suivre les conseils de la voyante et a commencé par réaliser une action de gentillesse aléatoire. Elle a acheté un café pour la personne suivante en ligne au café et a été surprise par la joie qu'elle a ressentie en faisant quelque chose de si simple pour quelqu'un d'autre.

Le lendemain, Marie a créé une liste de ses rêves les plus fous et a réalisé qu'elle avait toujours voulu apprendre à jouer du piano. Elle s'est inscrite à des cours et a été étonnée de constater à quel point elle était douée.

Le week-end suivant, Marie a participé à un cours de danse de salon, une activité qui l'effrayait beaucoup. Mais en dansant avec des partenaires différents, elle s'est sentie plus confiante et plus à l'aise dans sa peau.

Elle a continué à suivre les conseils de la voyante et a créé une liste de ses plus grandes réalisations, organisé une soirée de gratitude avec ses amis, créé une vision board et pratiqué une activité artisanale.

Un soir, elle a décidé de faire une promenade nocturne sous les étoiles et a été émerveillée par la beauté du ciel nocturne. Elle a pris une grande inspiration et a réalisé qu'elle était heureuse et comblée.

Marie a ensuite organisé une journée de déconnexion numérique où elle a passé du temps avec des amis, a cuisiné un bon repas et a joué à des jeux de société. Elle a réalisé qu'elle avait rarement passé du temps de qualité avec les gens qu'elle aimait sans être distraite par son téléphone portable ou son ordinateur.

Finalement, Marie a créé une carte du bonheur avec des notes sur les moments de sa vie où elle avait ressenti le plus de bonheur et de satisfaction. Elle a réalisé que le bonheur n'était pas quelque chose qu'elle devait chercher à l'extérieur d'elle-même, mais qu'elle pouvait le trouver en appréciant les moments simples de la vie.

Marie a continué à suivre les conseils de la voyante et a atteint un niveau supérieur de bonheur extraordinaire 9.0. Elle a réalisé qu'en faisant de petites choses pour elle-même et pour les autres, elle avait créé une vie merveilleuse et inspirante.

II : Le bonheur du partage

Partager ses connaissances, ses compétences ou ses ressources avec les autres pour renforcer les liens sociaux et la satisfaction personnelle.

Le bonheur du partage est un état d'esprit qui consiste à donner de soi aux autres, à partager ce que l'on possède et à aider les autres à atteindre leur plein potentiel. Cela peut prendre différentes formes, que ce soit le partage de connaissances, de compétences, de ressources matérielles ou financières. Quelle que soit la forme qu'il prend, le partage procure une satisfaction personnelle profonde et renforce les liens sociaux, créant ainsi un cercle vertueux de bonheur et de bien-être.

Le partage de connaissances est l'une des formes les plus courantes de partage. Les connaissances peuvent être partagées de différentes manières, que ce soit en enseignant à d'autres ou en créant du contenu éducatif en ligne. En partageant nos connaissances, nous aidons les autres à apprendre et à grandir, ce qui renforce leur confiance en eux et leur permet de réaliser leur plein potentiel.

Le partage de compétences est également un moyen puissant de créer des liens sociaux et de renforcer la satisfaction personnelle. En partageant nos compétences avec les autres, nous pouvons les aider à surmonter des défis et à réaliser des objectifs qui leur semblaient auparavant inaccessibles. Cela peut prendre la forme de mentorat, de coaching ou de bénévolat, où nous offrons notre temps et notre expertise pour aider les autres à réussir.

Le partage de ressources matérielles et financières est également un moyen important de renforcer les liens sociaux et de promouvoir le bonheur. En partageant ce que nous avons avec les autres, nous aidons à combler les besoins de base, comme l'accès à la nourriture, au logement et à d'autres ressources essentielles. Cela peut prendre la forme de dons à des organisations caritatives ou de partage de ressources avec des membres de notre communauté.

Le bonheur du partage ne consiste pas seulement à donner aux autres, mais aussi à recevoir. En acceptant l'aide et les conseils des autres, nous renforçons les liens sociaux et nous donnons à ceux qui nous aident l'occasion de se sentir valorisés et appréciés. Le partage est un acte de générosité qui fonctionne dans les deux sens, créant ainsi un cercle vertueux de bonheur et de bien-être.

Le partage peut également être utilisé comme un moyen de construire des communautés plus fortes et plus résilientes. En travaillant ensemble pour atteindre des objectifs communs, les membres de la communauté peuvent renforcer leurs liens et développer une confiance mutuelle plus solide. Cela peut également aider à résoudre les problèmes et à surmonter les obstacles, car les membres de la communauté peuvent travailler ensemble pour trouver des solutions efficaces.

Le partage peut également être une source de plaisir et de créativité. En partageant nos passions avec les autres, nous pouvons inspirer et encourager les autres à explorer de nouvelles avenues. Cela peut prendre la forme d'ateliers de créativité ou de groupes d'intérêt commun, où nous partageons nos passions avec des personnes partageant les mêmes idées.

Voici 20 exemples extraordinaires de partage qui peuvent contribuer au bonheur :

1. Créer une bibliothèque publique de rue, où les gens peuvent emprunter et partager des livres gratuitement.
2. Organiser des ateliers gratuits pour enseigner des compétences pratiques telles que la cuisine, la couture ou le bricolage.
3. Mettre en place un programme de mentorat pour aider les jeunes à développer leurs compétences et à acquérir de l'expérience professionnelle.
4. Fonder une communauté de partage d'outils, où les gens peuvent emprunter et prêter des outils de bricolage.
5. Mettre en place une banque alimentaire pour aider les personnes dans le besoin.
6. Créer un espace de co-working pour permettre aux travailleurs indépendants de partager des ressources et des compétences.
7. Fonder un réseau de transport en commun gratuit pour aider les gens à se déplacer dans leur ville ou région.
8. Organiser un événement de jardinage communautaire pour enseigner les compétences en jardinage et cultiver des aliments ensemble.
9. Créer un groupe de partage de compétences en langues étrangères pour aider les gens à apprendre de nouvelles langues ensemble.
10. Organiser une journée de nettoyage communautaire pour améliorer l'environnement local et renforcer les liens sociaux.
11. Mettre en place un système d'échange de services, où les gens peuvent échanger des services tels que la garde d'enfants, le ménage ou le jardinage.
12. Fonder un programme de tutorat pour aider les enfants en difficulté scolaire.
13. Organiser une vente aux enchères de charité pour collecter des fonds pour une cause locale.
14. Créer un programme d'aide à l'emploi pour aider les gens à trouver du travail et à développer leurs compétences professionnelles.

15. Fonder une banque de vêtements pour aider les personnes dans le besoin à avoir accès à des vêtements de qualité.
16. Organiser un club de lecture pour discuter et partager des idées sur des livres intéressants.
17. Créer un espace de partage de compétences musicales pour permettre aux musiciens de partager et d'apprendre ensemble.
18. Mettre en place un réseau de covoiturage pour aider les gens à économiser de l'argent et à réduire leur empreinte carbone.
19. Fonder un groupe de soutien pour les personnes atteintes de maladies chroniques, où les membres peuvent partager leur expérience et leurs connaissances pour aider les autres.
20. Organiser une journée de sensibilisation pour promouvoir une cause importante et rassembler les gens pour travailler ensemble vers un objectif commun.

Ces exemples montrent comment le partage peut prendre de nombreuses formes différentes et avoir un impact positif sur la vie des gens.

Une histoire

Il était une fois une petite ville où habitait une femme nommée Sarah. Sarah était une artiste talentueuse et passionnée qui aimait créer de belles œuvres d'art à partir de matériaux recyclés. Elle passait des heures à travailler dans son petit atelier, laissant libre cours à sa créativité et à son imagination.

Un jour, Sarah a entendu parler d'un groupe de jeunes qui avaient du mal à trouver un emploi et cherchaient désespérément à se lancer dans une carrière artistique. Elle a réalisé qu'elle pouvait partager ses connaissances et ses compétences en leur offrant des cours d'art gratuits pour les aider à développer leur propre style artistique.

Sarah a commencé à organiser des ateliers dans son atelier, où elle partageait ses techniques de peinture, de sculpture et de travail du métal avec les jeunes de la communauté. Les participants étaient ravis de découvrir une nouvelle passion et de développer leurs compétences artistiques.

Au fil des semaines, les cours d'art gratuits de Sarah ont commencé à attirer l'attention de la communauté locale. Les gens ont commencé à apporter des matériaux recyclés à Sarah pour les utiliser dans ses ateliers. Les jeunes artistes ont commencé à exposer leurs œuvres dans les magasins locaux et les galeries, créant ainsi une dynamique positive pour la communauté.

Sarah était ravie de voir l'impact positif de ses ateliers sur la communauté. Elle a commencé à organiser des événements artistiques pour promouvoir le travail des jeunes artistes et a même créé une exposition d'art itinérante pour présenter leurs œuvres dans les villes voisines.

La communauté locale était fière de leur groupe d'artistes et de l'impact qu'ils ont eu sur la ville. Les liens sociaux se sont renforcés à mesure que les gens se sont rassemblés pour célébrer l'art et la créativité.

Pour Sarah, partager ses compétences et ses connaissances en art a été un moyen de donner un sens à sa vie et de faire une différence positive dans la vie des autres. Elle a trouvé un bonheur incroyable dans le partage de son art et dans la création d'une communauté plus forte et plus unie.

Recherches scientifiques sur le bonheur du partage

Il existe de nombreuses recherches scientifiques sur le bonheur du partage, qui montrent que donner et partager peuvent améliorer notre bien-être émotionnel et physique. Voici quelques-unes de ces recherches :

- Une étude publiée dans la revue Science a montré que les personnes qui donnent de l'argent à d'autres sont plus heureuses que celles qui gardent l'argent pour elles-mêmes.
- Une autre étude publiée dans la revue Psychological Science a révélé que le simple fait de penser à faire une bonne action pour quelqu'un d'autre peut augmenter notre bonheur.
- Une recherche menée par des scientifiques de l'Université de Zurich a montré que les personnes qui donnent de l'argent à des œuvres de bienfaisance ont une activité accrue dans les régions du cerveau associées au plaisir et à la récompense.
- Une étude publiée dans la revue BMC Public Health a montré que les personnes qui participent à des activités communautaires ont tendance à être plus heureuses et en meilleure santé que celles qui ne le font pas.
- Une étude menée par des chercheurs de l'Université de Harvard a révélé que les personnes qui donnent leur temps ou leur argent à d'autres sont plus heureuses que celles qui ne le font pas.
- Une étude publiée dans la revue Social Science & Medicine a montré que les personnes qui font du bénévolat ont un risque plus faible de dépression que celles qui ne le font pas.
- Une recherche menée par des scientifiques de l'Université de Pennsylvanie a révélé que les personnes qui donnent de l'argent à d'autres ont une activité accrue dans les régions du cerveau associées à la prise de décision et à l'empathie.
- Une étude publiée dans la revue Journal of Health Psychology a montré que les personnes qui font du bénévolat ont une meilleure santé mentale et physique que celles qui ne le font pas.
- Une recherche menée par des scientifiques de l'Université de Caroline du Nord a révélé que les personnes qui donnent de l'argent à des œuvres de bienfaisance sont plus heureuses que celles qui ne le font pas.
- Une étude publiée dans la revue Journal of Positive Psychology a montré que les personnes qui partagent des expériences positives avec d'autres, comme un

voyage ou un repas, ont tendance à être plus heureuses que celles qui gardent ces expériences pour elles-mêmes.

Ces recherches et bien d'autres montrent que le partage et la générosité peuvent avoir des effets bénéfiques sur notre bien-être émotionnel et physique.

III : Le bonheur de l'exploration

Partir à la découverte de nouveaux horizons, que ce soit en voyageant dans des endroits inconnus ou en explorant des sujets inexplorés.

Le bonheur de l'exploration est un sentiment indescriptible qui peut changer la vie de ceux qui le ressentent. C'est l'envie de partir à la découverte de nouveaux horizons, de se plonger dans des cultures inconnues, de vivre des expériences qui sortent de l'ordinaire, et d'explorer des sujets qui n'ont jamais été étudiés auparavant. C'est un désir de sortir de sa zone de confort, de vivre de nouvelles aventures et d'élargir ses perspectives.

Partir à la découverte de nouveaux horizons est une expérience unique qui apporte une grande satisfaction personnelle. Cela peut être aussi simple que de voyager dans un pays étranger, de découvrir une nouvelle cuisine, de s'immerger dans une nouvelle culture ou de se lancer dans une activité sportive ou artistique jamais essayée auparavant. Les possibilités sont infinies et l'excitation de l'inconnu peut être incroyablement stimulante.

L'exploration ne se limite pas aux voyages, elle peut aussi prendre la forme de l'expérimentation dans des domaines qui n'ont jamais été explorés auparavant. Cela peut être en développant une nouvelle idée innovante, en essayant une nouvelle méthode de travail, ou en abordant des problèmes d'une manière différente de celle habituelle. Cela peut être effrayant, mais c'est une occasion de se dépasser soi-même, de sortir de sa zone de confort, et de découvrir de nouvelles façons de faire les choses.

L'exploration est souvent associée à l'aventure et à la découverte de nouvelles destinations. C'est pourquoi le voyage est l'une des meilleures façons de vivre cette expérience. Les voyages peuvent être une source d'inspiration et de découverte, en offrant des expériences inoubliables, que ce soit à travers la beauté de la nature, les mystères de l'histoire ou les délices de la cuisine locale.

Mais l'exploration peut également être un processus intérieur, une quête de soi-même. Cela peut être en cherchant à comprendre ses propres motivations, en explorant ses rêves et ses aspirations, ou en apprenant à mieux se connaître à travers la méditation ou la thérapie. Dans tous les cas, l'exploration peut conduire à une plus grande conscience de soi, à une compréhension accrue de ses propres besoins et désirs, et à une plus grande clarté sur la direction de sa vie.

Le bonheur de l'exploration est un sentiment qui peut être partagé avec les autres. C'est une expérience que l'on peut vivre en communauté, que ce soit en voyageant avec des amis, en travaillant sur des projets créatifs en groupe, ou en explorant ensemble des sujets d'intérêt commun. Le partage de cette expérience peut renforcer les liens sociaux, créer de nouvelles amitiés et aider à surmonter les défis rencontrés sur le chemin de la découverte.

Dans l'exploration, il y a souvent des défis à surmonter. Cela peut être la barrière de la langue dans un pays étranger, la peur de l'inconnu, ou le sentiment d'être dépassé par les difficultés techniques d'un projet.

20 exemples de bonheur de l'exploration :

1. Explorer les fonds marins et les récifs coralliens lors d'une plongée sous-marine.
2. Apprendre une nouvelle langue étrangère pour pouvoir explorer une nouvelle culture et communiquer avec les locaux.
3. Participer à un voyage dans l'espace pour découvrir l'inconnu.
4. Visiter les grands musées du monde et découvrir les chefs-d'œuvre de l'art.
5. Participer à des expéditions de recherche dans les zones les plus reculées de la planète.
6. Apprendre à piloter un avion pour explorer le monde depuis le ciel.
7. Randonner dans les montagnes les plus hautes et explorer les paysages époustouflants.
8. Explorer des civilisations anciennes en visitant des sites archéologiques.
9. Participer à des safaris en Afrique pour observer la faune et la flore sauvage.
10. Participer à des voyages culinaires pour explorer les goûts et les saveurs de différentes cultures.
11. Participer à des courses d'endurance comme l'ultra-trail pour explorer ses limites physiques et mentales.
12. Faire de la spéléologie et explorer les grottes et les cavernes les plus profondes.
13. Participer à des expéditions scientifiques pour découvrir de nouvelles espèces et phénomènes.
14. Apprendre à naviguer pour explorer les océans et les mers du monde.
15. Participer à des excursions en kayak pour explorer les rivières, les lacs et les deltas.
16. Découvrir de nouveaux horizons en voyageant en solo à travers le monde.

17. Explorer les confins de la science en participant à des projets de recherche en laboratoire.
18. Participer à des expéditions en montagne pour découvrir des sites inexplorés.
19. Participer à des voyages de surf pour explorer les spots les plus reculés et les vagues les plus impressionnantes.
20. Participer à des expéditions de randonnée sur glace pour explorer les glaciers et les montagnes enneigées.

Une histoire

Il était une fois un jeune homme nommé Max qui avait grandi dans une petite ville de province. Depuis qu'il était enfant, il avait toujours été fasciné par les histoires des grands explorateurs qui avaient traversé les océans et escaladé les montagnes les plus hautes. Mais Max n'avait jamais quitté sa ville natale et avait peur de sortir de sa zone de confort.

Un jour, Max a décidé de franchir le pas et de partir à l'aventure. Il a fait ses valises et a acheté un billet d'avion pour une destination lointaine et inconnue : l'Afrique. C'était un continent dont il avait entendu parler, mais il ne savait pas grand-chose de ses cultures et de ses peuples.

À son arrivée, Max a été ébloui par la beauté du paysage et la richesse de la culture locale. Il a rencontré des gens sympathiques qui l'ont accueilli à bras ouverts et lui ont appris de nouvelles choses sur leur mode de vie. Max a rapidement compris que l'exploration ne se limitait pas à découvrir des paysages spectaculaires, mais aussi à découvrir des cultures et des modes de vie différents.

Il a commencé à se joindre à des groupes de randonnée et de trekking, découvrant des endroits reculés qu'il n'aurait jamais vus autrement. Il a rencontré des gens de toutes les cultures et de toutes les nationalités, partageant des expériences et des connaissances. Max a réalisé que le bonheur de l'exploration était dans la découverte de soi et des autres.

Au cours de son voyage, Max a également découvert sa passion pour la photographie. Il a capturé des moments inoubliables et des paysages époustouflants, partageant ses images avec sa famille et ses amis. Son exploration lui a également permis de trouver un nouveau sens à sa vie et de se connecter avec les autres d'une manière qu'il n'avait jamais connue auparavant.

Après plusieurs mois, Max est rentré chez lui, mais il avait changé. Il avait acquis une nouvelle perspective sur la vie et une appréciation pour les choses simples. Il a commencé à partager ses histoires et ses photos avec d'autres personnes, inspirant d'autres à sortir de leur zone de confort et à explorer le monde qui les entoure.

Max a compris que le bonheur de l'exploration était dans la découverte de nouveaux horizons, que ce soit en voyageant dans des endroits inconnus ou en explorant des sujets inexplorés. Il avait trouvé une nouvelle passion et une nouvelle direction dans la vie, grâce à son courage pour partir à l'aventure.

Recherches scientifiques sur le bonheur de l'exploration

Voici quelques recherches scientifiques sur le bonheur de l'exploration :

- Une étude de 2019 publiée dans la revue Emotion a révélé que les personnes qui cherchent de nouvelles expériences et qui sont ouvertes à l'exploration sont plus heureuses que celles qui ne le sont pas.
- Une autre étude de 2019, publiée dans la revue Journal of Personality and Social Psychology, a montré que les personnes qui cherchent des sensations fortes et qui sont curieuses ont tendance à être plus satisfaites de leur vie.
- Une étude de 2018 publiée dans la revue Personality and Social Psychology Review a montré que l'exploration est liée à la créativité, qui est à son tour liée à la satisfaction de la vie.
- Une étude de 2016 publiée dans la revue Journal of Personality and Social Psychology a révélé que l'exploration de nouveaux endroits et de nouvelles cultures est associée à une plus grande satisfaction de vie.
- Une étude de 2013 publiée dans la revue Emotion a montré que les personnes qui cherchent des expériences nouvelles et excitantes ont tendance à être plus satisfaites de leur vie.

Ces études et bien d'autres soulignent l'importance de l'exploration dans notre quête du bonheur et de la satisfaction de la vie. En explorant de nouvelles choses, en découvrant de nouvelles perspectives et en sortant de notre zone de confort, nous pouvons trouver un sens plus profond et une plus grande satisfaction dans la vie.

IV : Le bonheur de la créativité

S'exprimer librement à travers la création artistique, que ce soit la peinture, la sculpture, la musique ou l'écriture, pour développer son potentiel créatif et découvrir de nouvelles facettes de soi.

Le bonheur de la créativité est un sentiment profond qui émane de l'expression libre et sans entrave de notre potentiel créatif. Cela peut prendre de nombreuses formes, qu'il s'agisse de la peinture, de la sculpture, de la musique, de l'écriture ou de toute autre forme d'art. La créativité nous permet de découvrir de nouvelles facettes de nous-mêmes, de nous épanouir et de nous libérer de la pression et du stress quotidiens.

La création artistique est un acte de liberté. Lorsque nous sommes créatifs, nous sommes en mesure de nous exprimer librement, sans être soumis à aucune contrainte ou limite. Nous pouvons alors laisser libre cours à notre imagination, explorer de nouvelles idées et faire des découvertes incroyables sur nous-mêmes et le monde qui nous entoure.

La créativité peut également être un moyen de communication. Par le biais de l'art, nous pouvons transmettre des messages et des émotions à travers des formes d'expression non verbales. Nous pouvons partager nos pensées les plus profondes, nos espoirs et nos rêves, et inspirer les autres à travers notre travail.

En développant notre potentiel créatif, nous sommes en mesure d'explorer des parties de nous-mêmes que nous ne connaissions pas auparavant. Nous pouvons découvrir de nouvelles compétences et de nouveaux talents, et renforcer notre confiance en nous-mêmes. La créativité peut également nous aider à trouver des solutions innovantes à des problèmes complexes, en utilisant notre imagination pour créer des solutions nouvelles et uniques.

De nombreux artistes ont trouvé leur bonheur dans la créativité. Les peintres, les sculpteurs, les musiciens, les écrivains et de nombreux autres ont pu exprimer leur passion et leur créativité à travers leur travail. L'art peut être un moyen de transcender les barrières de la langue et de la culture, et de communiquer avec les autres de manière universelle.

Pour beaucoup de gens, la créativité peut être un moyen de se connecter avec leur propre spiritualité. L'art peut être un moyen de méditation et de réflexion, nous permettant de nous connecter avec des énergies plus élevées et d'explorer notre propre existence. L'art peut également être un moyen de guérison, nous aidant à surmonter des expériences traumatisantes et à trouver la paix intérieure.

Enfin, la créativité peut être un moyen de s'amuser et de se détendre. Lorsque nous sommes créatifs, nous pouvons nous libérer de nos soucis quotidiens et nous perdre dans notre travail. Cela peut être une source de joie et de plaisir, nous aidant à trouver une échappatoire temporaire aux défis de la vie quotidienne.

En somme, le bonheur de la créativité est un sentiment puissant et libérateur. Lorsque nous sommes créatifs, nous pouvons explorer de nouvelles facettes de nous-mêmes et du monde qui nous entoure, nous connecter avec les autres et nous libérer du stress et de la pression de la vie quotidienne. La créativité est une source de bonheur et de satisfaction personnelle pour ceux qui sont prêts à explorer leur propre potentiel.

Recherches scientifiques sur le lien entre la créativité et le bonheur

Il existe de nombreuses recherches scientifiques sur le lien entre la créativité et le bonheur. Voici quelques exemples :

- Une étude publiée dans le Journal of Positive Psychology a montré que les personnes qui participent régulièrement à des activités créatives ont tendance à se sentir plus épanouies et satisfaites de leur vie.
- Une autre étude, publiée dans le Journal of Occupational and Organizational Psychology, a montré que les employés qui ont la possibilité de faire preuve de créativité dans leur travail sont plus engagés, plus satisfaits de leur travail et plus heureux.
- Une étude menée par des chercheurs de l'Université du Sussex a montré que les personnes qui ont récemment participé à une activité artistique ou créative ont signalé une augmentation de leur bien-être émotionnel et de leur sentiment de vieillissement en bonne santé.
- Une étude publiée dans la revue Frontiers in Psychology a montré que la créativité peut aider à réduire le stress et l'anxiété, en améliorant la régulation des émotions et en offrant un moyen d'exprimer des sentiments difficiles.
- Une étude menée par des chercheurs de l'Université de Californie à San Francisco a montré que la participation à des activités créatives peut aider à

renforcer le système immunitaire, en augmentant les niveaux d'anticorps et en réduisant les hormones de stress dans le corps.

- Une étude publiée dans le Journal of Positive Psychology a montré que les personnes qui ont une forte tendance à l'originalité et à la pensée divergente ont tendance à se sentir plus heureuses et plus satisfaites de leur vie que les personnes qui ont une tendance plus conventionnelle.
- Une étude menée par des chercheurs de l'Université de Syracuse a montré que la participation à des activités créatives peut aider à améliorer la confiance en soi et l'estime de soi.
- Une étude publiée dans la revue Creativity Research Journal a montré que les personnes qui ont tendance à être plus créatives dans leur vie quotidienne ont tendance à se sentir plus épanouies et satisfaites de leur vie en général.
- Une étude menée par des chercheurs de l'Université de l'Illinois a montré que la pratique de la créativité peut aider à stimuler la cognition et la fonction cognitive, en particulier chez les personnes âgées.
- Une étude publiée dans la revue Psychology of Aesthetics, Creativity, and the Arts a montré que les personnes qui ont une forte tendance à l'ouverture d'esprit et à l'exploration ont tendance à se sentir plus heureuses et plus satisfaites de leur vie que les personnes qui ont une tendance plus conservatrice.

Ces recherches scientifiques suggèrent que la créativité peut avoir un impact significatif sur le bonheur et le bien-être des individus, en offrant une source d'épanouissement, de satisfaction et de stimulation cognitive.

Voici 20 exemples de personnes qui ont trouvé le bonheur de la créativité :

1. Un peintre qui crée des œuvres abstraites à partir de matériaux recyclés
2. Un sculpteur qui travaille avec des matériaux naturels pour créer des sculptures organiques
3. Un musicien qui crée des mélodies étonnantes en utilisant des instruments traditionnels d'autres cultures
4. Un écrivain qui raconte des histoires qui transportent les lecteurs dans un autre monde
5. Un photographe qui utilise des techniques innovantes pour capturer la beauté de la nature
6. Un designer qui crée des vêtements et des accessoires uniques à partir de matériaux recyclés

7. Un chef cuisinier qui utilise des ingrédients locaux pour créer des plats créatifs et délicieux
8. Un danseur qui crée des chorégraphies originales qui racontent des histoires et émeuvent les spectateurs
9. Un architecte qui crée des bâtiments qui intègrent l'art et l'architecture de manière harmonieuse
10. Un poète qui exprime des émotions complexes et profondes à travers des vers qui touchent le cœur
11. Un vidéaste qui utilise des effets spéciaux et des animations pour créer des vidéos captivantes
12. Un illustrateur qui crée des images étonnantes pour des livres pour enfants
13. Un bijoutier qui crée des pièces uniques en utilisant des métaux précieux et des pierres semi-précieuses
14. Un graphiste qui crée des designs innovants pour des marques célèbres
15. Un tatoueur qui crée des tatouages personnalisés qui sont de véritables œuvres d'art sur la peau
16. Un producteur de musique qui utilise des sons et des effets spéciaux pour créer des compositions originales
17. Un designer de jeux vidéo qui crée des univers immersifs qui permettent aux joueurs de vivre des aventures incroyables
18. Un réalisateur de films d'animation qui crée des personnages fantastiques qui émerveillent les spectateurs
19. Un céramiste qui crée des pots et des vases magnifiques en utilisant des techniques traditionnelles
20. Un calligraphe qui crée des œuvres magnifiques à partir de lettres et de mots.

Toutes ces personnes ont trouvé leur bonheur dans la créativité et ont pu s'exprimer de manière unique et authentique.

Une histoire

Il était une fois un petit village paisible niché au cœur des montagnes. Les habitants de ce village vivaient une vie simple, rythmée par les travaux des champs et les événements sociaux. Mais un jour, un étranger arriva dans le village avec un sac rempli de toiles, de pinceaux et de peintures.

Cet étranger était un artiste, qui avait parcouru le monde en quête d'inspiration pour créer des œuvres d'art qui raconteraient l'histoire des cultures qu'il avait rencontrées. En arrivant dans ce petit village, il fut captivé par la beauté de la nature environnante et la simplicité de la vie des habitants.

Il décida alors de s'installer dans le village pour un temps, et commença à créer des œuvres d'art qui représentaient les paysages magnifiques qu'il voyait tous les jours. Les habitants du village étaient curieux de voir ce qu'il faisait, et il les invita à venir voir son travail.

Au début, les habitants étaient perplexes et ne comprenaient pas toujours les représentations abstraites de l'artiste. Mais petit à petit, ils commencèrent à apprécier son travail et à comprendre l'histoire qu'il racontait.

Certains habitants commencèrent à vouloir apprendre à peindre eux-mêmes, et l'artiste leur enseigna les bases de la peinture. Bientôt, le village entier était rempli d'artistes en herbe qui exploitaient leur potentiel créatif et leur imagination pour créer des œuvres uniques et inspirantes.

Le village était devenu un endroit créatif et artistique, où les habitants se sentaient libres de s'exprimer et de partager leurs idées. Les événements sociaux incluaient désormais des expositions d'art, des ateliers de peinture et des performances musicales.

Au fil du temps, l'artiste décida de partir pour continuer à explorer le monde et trouver de nouvelles sources d'inspiration. Mais il avait laissé derrière lui un héritage précieux : un village rempli de créativité et de passion pour l'art.

Les habitants du village étaient maintenant conscients de leur potentiel créatif, et étaient fiers de partager leurs œuvres avec le reste du monde. Ils avaient appris que le bonheur de la créativité était une partie essentielle de leur vie, et que leur imagination était une force puissante qui pouvait leur permettre de découvrir de nouvelles facettes d'eux-mêmes.

V : Le bonheur de la nature

Se reconnecter avec la nature, en passant du temps dans les parcs, les forêts ou les jardins, pour se ressourcer et retrouver une harmonie avec le monde naturel.

Le bonheur de la nature est un sentiment profond qui peut changer notre vie. C'est une joie simple, mais si puissante qu'elle peut nous transporter dans un autre monde, nous faisant oublier tous les soucis et les tracas de la vie quotidienne. Se connecter avec la nature est une expérience libératrice qui nous donne une perspective différente sur la vie, nous apportant une paix intérieure et une joie qui ne peuvent être trouvées nulle part ailleurs.

Il y a quelque chose de magique à passer du temps dans la nature. Que ce soit dans les forêts denses, les vastes prairies, les montagnes majestueuses ou les rivières paisibles, il y a une beauté indéniable et une puissance tranquille qui émane de la nature. Nous sommes entourés de vie, de couleurs, de sons et de mouvements, et tout cela est si différent de notre vie moderne, remplie de bruit et de chaos. Il est donc important de prendre le temps de se connecter avec la nature pour renouveler notre énergie et notre créativité.

Le bonheur de la nature ne se limite pas à l'observation de la beauté naturelle. Cela peut aussi signifier passer du temps à interagir avec la nature, à l'explorer et à découvrir ses secrets. En faisant cela, nous pouvons trouver un lien plus profond avec l'environnement qui nous entoure, en apprenant à comprendre ses cycles et ses mouvements. Nous pouvons alors utiliser cette connaissance pour nous aider à mieux comprendre le monde qui nous entoure et à développer une appréciation plus profonde de la vie.

Il y a tant de façons de trouver le bonheur dans la nature. Certaines personnes aiment faire des promenades en forêt, d'autres préfèrent les randonnées en montagne, tandis que d'autres encore aiment simplement s'asseoir au bord d'un lac ou d'une rivière et contempler le monde. Mais quel que soit le moyen que nous choisissons pour nous connecter avec la nature, nous sommes tous capables de trouver une profondeur et une joie qui ne peuvent être trouvées nulle part ailleurs.

Voici des exemples inspirants de bonheur dans la nature :

- Se promener dans les bois au lever du soleil et sentir l'air frais et pur sur son visage.
- Marcher sur un sentier de montagne en admirant la vue panoramique sur les alentours.
- Se baigner dans une rivière fraîche et cristalline en été.
- Observer les étoiles dans un ciel dégagé, loin des lumières de la ville.
- Écouter le chant des oiseaux dans la forêt.
- Se balancer sur une balançoire au milieu d'un champ de fleurs.
- Faire une randonnée à cheval à travers la campagne.
- Regarder le coucher du soleil sur l'océan, les pieds dans le sable.
- Cueillir des fruits frais dans un verger.
- Pique-niquer au bord d'un lac ou d'une rivière.
- Observer les animaux dans leur habitat naturel.
- Monter en haut d'une colline pour admirer la vue sur la vallée.
- S'asseoir au pied d'un arbre

Études scientifiques sur les bienfaits de la nature

Il existe de nombreuses études scientifiques qui ont étudié les bienfaits de la nature sur le bonheur et le bien-être humain. En voici quelques-unes :

- Les études ont montré que les personnes qui passent plus de temps dans la nature ont tendance à être plus heureuses et en meilleure santé mentale que celles qui n'en passent pas autant.
- Des études ont également montré que la marche dans la nature peut améliorer l'humeur et la santé mentale. Des chercheurs ont même constaté que la marche dans la nature peut être plus efficace que la marche en milieu urbain pour réduire les symptômes de dépression.
- Des études ont également montré que le simple fait de voir des images de la nature peut avoir un effet bénéfique sur l'humeur et le bien-être. Par exemple, une étude a révélé que les personnes qui ont vu des images de la nature ont montré une amélioration de l'humeur et de la cognition.
- Des études ont également montré que la nature peut aider à réduire le stress. Par exemple, une étude a montré que les personnes qui ont regardé des images

de la nature pendant une tâche stressante ont montré une diminution de leur tension artérielle.

- Des études ont également montré que le contact avec la nature peut aider à améliorer la qualité du sommeil. Par exemple, une étude a montré que les personnes qui ont campé dans la nature ont montré une amélioration de leur sommeil par rapport à celles qui ont dormi dans des environnements plus urbains.
- Des études ont également montré que les activités de jardinage peuvent être bénéfiques pour la santé mentale. Par exemple, une étude a montré que les personnes qui ont participé à un programme de jardinage ont montré une diminution des symptômes de dépression et une amélioration de la qualité de vie.

Ces études soulignent l'importance de la nature pour le bonheur et le bien-être humain. La nature peut offrir une évasion du stress de la vie quotidienne et offrir une opportunité pour se reconnecter avec soi-même et avec le monde naturel.

20 exemples de bonheur de la nature :

1. Marcher dans un parc national et admirer la beauté naturelle des montagnes, des lacs et des forêts.
2. Aller faire de la randonnée et découvrir de nouvelles plantes et de nouveaux animaux.
3. Faire du camping et dormir sous les étoiles.
4. S'asseoir près d'un cours d'eau et écouter le bruit de l'eau qui coule.
5. Observer les oiseaux dans leur habitat naturel.
6. Faire du vélo dans un parc national et ressentir la brise fraîche sur son visage.
7. Prendre une promenade en forêt et ressentir la paix et la tranquillité que la nature peut apporter.
8. Faire du kayak ou du canoë sur un lac paisible.
9. Prendre un bain de soleil sur une plage déserte.
10. Observer les étoiles pendant la nuit et être fasciné par l'immensité de l'univers.
11. Faire une balade à cheval à travers les collines et les vallées.
12. Faire de la plongée sous-marine et découvrir un monde sous-marin coloré et fascinant.
13. Observer une aurore boréale et être émerveillé par les couleurs dansantes dans le ciel.

14. Faire du ski dans les montagnes enneigées et se sentir libre et en harmonie avec la nature.
15. Faire une promenade en bateau sur un lac calme et admirer les paysages environnants.
16. Prendre un bain de forêt et ressentir les bienfaits de l'air frais et des arbres.
17. S'asseoir autour d'un feu de camp et raconter des histoires sous les étoiles.
18. Faire du jardinage et admirer la beauté de la nature qui pousse.
19. Observer les baleines dans leur habitat naturel.
20. Prendre un bain dans une source chaude naturelle et se sentir détendu et en paix.

Une histoire

Il était une fois, une jeune femme nommée Maya qui vivait dans une grande ville. Elle était souvent stressée par le bruit de la circulation, les horaires de travail chargés et les nombreuses responsabilités de sa vie quotidienne. Malgré tout, elle savait qu'elle avait besoin de se ressourcer et de se reconnecter avec la nature.

Un jour, elle décida de prendre quelques jours de congé et de partir seule dans une région montagneuse pour faire de la randonnée. Au début, elle était un peu nerveuse à l'idée de partir seule, mais elle se sentait déterminée à trouver la paix et la sérénité dans la nature.

Elle arriva dans une petite ville de montagne, où elle loua un petit chalet. Les montagnes majestueuses s'étendaient tout autour d'elle et elle pouvait entendre le bruit apaisant de l'eau d'une rivière proche. Elle se sentait déjà plus calme et plus détendue.

Le lendemain matin, Maya se leva tôt pour commencer sa randonnée. Elle avait préparé un sac à dos avec de la nourriture, de l'eau, une carte et une boussole. Elle se sentait prête à affronter les montagnes.

Au début, la randonnée était difficile, avec des montées abruptes et des sentiers rocailleux. Mais bientôt, elle commença à apprécier la beauté du paysage et la sérénité que la nature lui apportait. Elle se sentait heureuse de se connecter avec la nature et de découvrir de nouveaux horizons.

En chemin, elle rencontra d'autres randonneurs qui partageaient la même passion pour la nature. Ils discutèrent ensemble des plantes et des animaux qu'ils avaient observés et des merveilles de la nature qu'ils avaient découvertes.

Au cours de sa randonnée, Maya vit des cascades éblouissantes, des lacs cristallins et des animaux sauvages tels que des cerfs et des renards. Elle sentait son corps et son esprit se régénérer au contact de la nature.

Le soir, elle rentra au chalet, épuisée mais heureuse. Elle se sentait vivante et pleine d'énergie, et elle savait qu'elle avait découvert une nouvelle passion pour la nature. Les jours suivants, elle continua à explorer la région et à rencontrer d'autres passionnés de la nature.

Finalement, Maya rentra chez elle, mais elle emporta avec elle une nouvelle perspective sur la vie et le monde qui l'entourait. Elle avait découvert le bonheur de la nature et elle était déterminée à continuer à explorer et à apprendre davantage sur la beauté de la nature.

Une histoire 2

Cette histoire commence il y a de cela quelques années dans un petit village en Afrique de l'Ouest, appelé Ndop.

Dans ce village, il y avait un jeune garçon nommé Madi. Madi aimait explorer la nature qui l'entourait. Il passait des heures à observer les oiseaux, les papillons et les fleurs. Il aimait se promener dans les champs et dans les forêts environnantes pour découvrir de nouvelles plantes et de nouveaux animaux.

Un jour, alors qu'il explorait une forêt dense, il a entendu un cri faible venant de derrière un buisson. Il s'est approché lentement et a trouvé un petit oiseau tombé du nid. Le petit oiseau avait une aile cassée et ne pouvait pas voler. Madi savait qu'il devait aider l'oiseau, il l'a donc emporté chez lui et l'a soigné avec soin. Il a nourri l'oiseau avec des graines et de l'eau, et a aidé l'aile cassée à guérir en la maintenant immobile.

Au fil des semaines, l'oiseau a récupéré et a commencé à voler à nouveau. Mais il ne voulait pas partir, il aimait la compagnie de Madi. Madi a donc décidé de le garder comme animal de compagnie et l'a nommé Zara.

Zara et Madi sont devenus des compagnons inséparables, explorant ensemble les forêts et les champs environnants. Ils passaient des heures à regarder les étoiles la nuit, à écouter le chant des oiseaux au lever du soleil et à sentir les fleurs sauvages dans la brise.

Madi avait trouvé son bonheur dans la nature et avec son ami Zara. Il savait que la nature était un trésor précieux et qu'il devait la protéger et la préserver. Il a donc commencé à sensibiliser les gens de son village à l'importance de la nature et à la nécessité de la protéger. Grâce à ses efforts, son village est devenu un modèle de préservation de la nature et de l'environnement.

Madi a continué à explorer la nature et à découvrir de nouvelles merveilles, mais il savait que le plus grand trésor était son amitié avec Zara et le bonheur qu'il avait trouvé dans la nature.

Cette histoire montre que le bonheur peut être trouvé dans la nature, que ce soit à travers l'amitié avec les animaux, l'exploration de la faune et de la flore, ou la prise de conscience de l'importance de protéger l'environnement.

VI : Le bonheur de l'altruisme

Aider les autres sans rien attendre en retour, que ce soit en faisant du bénévolat, en offrant des cadeaux ou en pratiquant des actes de gentillesse spontanés, pour se sentir utile et avoir un impact positif sur la vie des autres.

L'altruisme est souvent considéré comme l'un des fondements de la moralité et de la vie sociale. Les gens sont naturellement enclins à aider les autres, que ce soit pour des raisons personnelles ou pour répondre à des normes sociales. Cependant, il y a une différence significative entre aider les autres pour des raisons égoïstes et le faire sans rien attendre en retour. Cette forme de générosité est souvent qualifiée d'altruisme véritable, et elle peut apporter de nombreux avantages pour la santé mentale et le bien-être.

Le bonheur de l'altruisme est un sentiment profond qui peut apporter de nombreuses récompenses. Tout d'abord, il peut aider à renforcer les liens sociaux et à créer des communautés plus fortes et plus résilientes. Les personnes qui pratiquent l'altruisme sont souvent plus heureuses et plus satisfaites de leur vie que celles qui ne le font pas. En aidant les autres, ils se sentent utiles et font une différence dans la vie de quelqu'un d'autre.

En outre, l'altruisme peut également avoir des avantages physiques. Il a été démontré que les personnes qui pratiquent l'altruisme ont un système immunitaire plus fort, un risque réduit de dépression et une espérance de vie plus longue que celles qui ne le font pas. Ces avantages peuvent être liés au fait que l'altruisme réduit le stress et l'anxiété, ce qui peut avoir un impact positif sur la santé en général.

L'altruisme peut se manifester de nombreuses façons différentes, que ce soit en faisant du bénévolat dans une organisation caritative, en offrant un soutien émotionnel à un ami en difficulté ou simplement en pratiquant des actes de gentillesse spontanés. Les bienfaits de l'altruisme sont les mêmes, peu importe la façon dont il est pratiqué. En effet, l'important est de se sentir engagé dans une action qui aide les autres sans rien attendre en retour.

L'altruisme véritable peut être difficile à pratiquer, car il est souvent difficile de se détacher de ses propres intérêts et de ses désirs. Cependant, en pratiquant régulièrement l'altruisme, il est possible de changer sa façon de penser et devenir plus enclin à aider les autres. Cela peut se traduire par une plus grande satisfaction personnelle, une vie plus épanouissante et des liens sociaux plus forts.

Pour ceux qui cherchent à pratiquer l'altruisme, il existe de nombreuses façons de le faire. Voici quelques exemples :

- Faire du bénévolat dans une organisation caritative
- Offrir un soutien émotionnel à un ami en difficulté
- Faire un don à une organisation caritative
- Offrir son temps et ses compétences pour aider les autres
- Pratiquer des actes de gentillesse spontanés, tels que tenir la porte pour quelqu'un ou offrir un sourire
- Participer à des événements communautaires ou des projets qui ont un impact positif sur la vie des autres
- Offrir des cadeaux à des personnes dans le besoin
- Participer à des initiatives de nettoyage de l'environnement ou de plantation d'arbres

Études scientifiques sur les liens entre l'altruisme et le bonheur

Il existe de nombreuses études scientifiques sur les liens entre l'altruisme et le bonheur. Voici quelques exemples :

- Une étude menée en 2013 par des chercheurs de l'Université de Zurich a montré que le fait de faire des dons à des organisations caritatives activait les mêmes zones du cerveau que celles qui sont impliquées dans la récompense et le plaisir. Les participants à l'étude ont également signalé une augmentation de leur bien-être subjectif après avoir fait un don.
- Une autre étude publiée en 2017 dans la revue BMC Psychology a examiné l'impact de l'altruisme sur le bien-être chez les adolescents. Les résultats ont montré que les adolescents qui ont fait preuve d'altruisme envers leur famille et leurs amis ont signalé une meilleure qualité de vie et une plus grande satisfaction de vie.
- Une étude publiée en 2018 dans la revue Emotion a examiné l'impact de la pratique de la méditation de la compassion (qui implique de cultiver des sentiments d'empathie et de bienveillance envers les autres) sur le bonheur. Les résultats ont montré que la pratique de la méditation de la compassion augmentait les niveaux de bonheur chez les participants.
- Une étude menée en 2019 par des chercheurs de l'Université de Yale a examiné l'impact de l'altruisme sur la santé mentale. Les résultats ont montré que les personnes qui ont fait preuve d'altruisme ont signalé des niveaux plus élevés de bien-être psychologique et de satisfaction de vie.

Ces études et bien d'autres soulignent l'importance de l'altruisme pour le bonheur et la satisfaction de vie. En aidant les autres et en contribuant à leur bien-être, nous pouvons également améliorer notre propre bien-être et notre bonheur.

20 exemples de bonheur de l'altruisme :

1. Faire du bénévolat dans un refuge pour animaux et voir les animaux se sentir aimés et en sécurité.
2. Offrir de l'argent à une organisation caritative pour aider à nourrir les personnes dans le besoin.
3. Aider une personne âgée à porter ses courses jusqu'à sa voiture et voir son visage s'illuminer de gratitude.
4. Faire du bénévolat dans un hôpital pour enfants et voir les enfants sourire malgré leurs épreuves.
5. Offrir un cadeau à un ami sans raison particulière et voir sa joie.
6. Aider un ami à déménager et voir sa reconnaissance.
7. Donner des vêtements inutilisés à une association caritative pour les personnes sans-abri.
8. Aider un enfant à apprendre à lire et voir sa progression.
9. Offrir un sourire et un mot gentil à un étranger dans la rue et voir son visage s'éclairer.
10. Faire du bénévolat dans un refuge pour sans-abris et voir les personnes se sentir un peu plus à l'aise et confortables.
11. Aider un ami ou un collègue à terminer un projet difficile et voir sa gratitude.
12. Donner des jouets à des enfants défavorisés pendant les fêtes de fin d'année.
13. Offrir son temps et ses compétences pour aider une organisation caritative à atteindre ses objectifs.
14. Aider une personne à trouver son chemin dans une ville inconnue et voir sa reconnaissance.
15. Aider un ami à surmonter une épreuve difficile et voir sa force intérieure.
16. Faire un don de sang et savoir que cela peut aider à sauver une vie.
17. Soutenir un ami ou un membre de la famille atteint d'une maladie et voir sa détermination à guérir.
18. Aider un voisin âgé à jardiner et voir son plaisir à travailler avec vous.
19. Donner des livres à une bibliothèque locale pour aider à promouvoir l'éducation et la lecture.
20. Faire du bénévolat dans une cuisine pour les personnes dans le besoin et voir leur appréciation pour le repas chaud.

Ces actes d'altruisme sont des exemples de gestes simples et significatifs qui peuvent apporter du bonheur à la fois à la personne qui donne et à la personne qui reçoit.

Une histoire

Il était une fois une petite ville paisible où vivait une jeune fille nommée Mia. Depuis son plus jeune âge, Mia était fascinée par les actes de générosité et d'altruisme. Elle adorait aider les autres, que ce soit en faisant du bénévolat dans un centre d'accueil pour sans-abris ou simplement en offrant des sourires et des encouragements à ceux qui en avaient besoin.

Un jour, alors qu'elle se promenait dans le parc, elle entendit des pleurs provenant d'un banc. Elle s'approcha et découvrit un vieil homme en train de pleurer, seul. Elle s'assit près de lui et lui demanda ce qui n'allait pas. L'homme lui expliqua qu'il venait de perdre sa femme et qu'il se sentait terriblement seul et déprimé.

Mia savait qu'elle ne pouvait pas ramener la femme de l'homme, mais elle savait qu'elle pouvait faire quelque chose pour le réconforter. Elle prit la main de l'homme et lui raconta des histoires heureuses qu'elle avait vécues avec sa propre grand-mère. Elle lui fit des blagues et des jeux de mots pour le faire sourire. Elle lui donna même un petit dessin qu'elle avait fait, représentant un coucher de soleil, pour symboliser l'espoir et la beauté de la vie.

L'homme se mit à sourire, pour la première fois depuis la mort de sa femme. Il remercia Mia pour sa gentillesse et son altruisme et lui dit que son geste avait eu un impact incroyable sur lui. Il se sentait moins seul et plus heureux grâce à elle.

Cet événement a marqué Mia. Elle a réalisé que l'altruisme n'était pas seulement bénéfique pour les autres, mais aussi pour soi-même. En aidant les autres, elle avait ressenti une joie et une satisfaction qu'elle n'avait jamais ressenties auparavant.

Depuis ce jour, Mia a continué à aider les autres de toutes les manières possibles, que ce soit en faisant du bénévolat ou en offrant simplement son temps et son soutien à ceux qui en ont besoin. Elle a compris que le bonheur de l'altruisme était un cercle vertueux : plus elle aidait les autres, plus elle se sentait heureuse et satisfaite. Et plus elle était heureuse, plus elle était motivée à aider les autres.

Ainsi, Mia a continué de répandre l'altruisme et la gentillesse dans sa communauté, créant une vague de positivité et de bonheur autour d'elle. Elle avait découvert le pouvoir de l'altruisme et avait compris qu'il était une source infinie de bonheur pour elle-même et pour les autres.

VII : Le bonheur de la spiritualité

Cultiver sa pratique spirituelle, que ce soit à travers la méditation, la prière ou la contemplation, pour trouver un sens profond à sa vie et se connecter avec une force supérieure.

La spiritualité est une quête de sens qui transcende les frontières de la religion, de la culture et de la société. Elle est souvent associée à une recherche de compréhension de l'univers et de l'existence humaine, ainsi qu'à un désir de se connecter avec une force supérieure. Cette quête peut prendre de nombreuses formes, de la méditation à la prière en passant par la contemplation. Quelle que soit la forme qu'elle prend, la spiritualité peut apporter un profond sentiment de paix, de bonheur et de connexion avec quelque chose de plus grand que soi.

La méditation est une pratique spirituelle ancienne qui peut être utilisée pour atteindre un état de conscience altéré, pour améliorer la concentration et la clarté mentale, pour réduire le stress et l'anxiété et pour développer une plus grande compassion pour soi-même et pour les autres. Les recherches ont montré que la méditation peut stimuler les zones du cerveau associées à la régulation des émotions et à la prise de décision, ainsi qu'à la réduction de l'activité dans les régions associées à l'anxiété et à la peur. Elle peut également aider à améliorer la qualité du sommeil et à réduire la douleur chronique.

La prière est une pratique spirituelle qui peut être utilisée pour communiquer avec une force supérieure et pour demander de l'aide, de la guérison ou de la guidance. Les recherches ont montré que la prière peut être bénéfique pour la santé mentale et physique, en aidant à réduire l'anxiété et la dépression, à renforcer le système immunitaire et à améliorer la qualité de vie. La prière peut également aider à cultiver un sentiment de gratitude et à renforcer les liens sociaux en créant un sentiment de communauté autour d'une pratique partagée.

La contemplation est une pratique spirituelle qui peut être utilisée pour réfléchir sur des questions profondes de la vie et pour trouver un sens plus profond à l'existence. La contemplation peut prendre de nombreuses formes, de la contemplation de la nature à la réflexion sur les enseignements spirituels. Elle peut aider à cultiver un sentiment de gratitude et de paix intérieure, ainsi qu'à développer une plus grande compassion pour soi-même et pour les autres.

La spiritualité peut apporter un sens profond à la vie, aider à surmonter les défis et à faire face à la douleur et à la souffrance. Elle peut aider à cultiver des relations plus profondes avec les autres et avec le monde qui nous entoure, et à trouver un sentiment de paix intérieure et de bonheur durable. Elle peut également aider à trouver un sens plus profond à la vie, en aidant à développer une compréhension plus profonde de la nature humaine et de l'univers qui nous entoure.

La spiritualité peut être une force puissante pour le bien dans le monde, en aidant à créer des communautés plus connectées, en inspirant des actions altruistes et en favorisant la compassion et l'empathie pour les autres. Elle peut aider à créer des ponts entre les cultures et les religions et à promouvoir la tolérance et l'acceptation.

20 exemples de bonheur de la spiritualité

1. Pratiquer la méditation quotidienne pour se recentrer sur l'instant présent et se reconnecter à soi-même.
2. Assister à des retraites spirituelles pour approfondir sa pratique spirituelle et se ressourcer.
3. Participer à des cercles de prière pour se connecter avec une communauté spirituelle et partager des moments de recueillement.
4. Explorer différentes traditions spirituelles pour découvrir de nouvelles perspectives et approches de la spiritualité.
5. Pratiquer la gratitude pour se connecter avec le sacré et apprécier les petites choses de la vie.
6. Créer un espace sacré chez soi pour méditer, prier ou simplement se ressourcer.
7. Écrire des intentions spirituelles pour se concentrer sur ses objectifs et aspirations spirituelles.
8. Faire du bénévolat dans des organisations spirituelles pour aider les autres et se sentir connecté à une cause plus grande.
9. Participer à des cérémonies spirituelles pour se connecter avec la nature et honorer les cycles de la vie.
10. Pratiquer la pleine conscience dans toutes les activités pour rester présent et centré dans l'instant présent.
11. Se rendre dans des lieux sacrés tels que des temples, des églises ou des sites naturels pour se connecter avec une énergie spirituelle.
12. Créer des rituels personnels pour se connecter avec sa propre spiritualité et pratiquer la discipline spirituelle.

13. Lire des livres spirituels pour approfondir sa compréhension de la spiritualité et trouver l'inspiration.
14. Se joindre à une communauté spirituelle pour partager des idées et des pratiques avec d'autres personnes partageant les mêmes idées.
15. Pratiquer le jeûne spirituel pour purifier le corps et l'esprit et se rapprocher de son essence spirituelle.
16. Suivre des enseignements spirituels pour élargir sa compréhension de la vie et de l'univers.
17. Faire des offrandes spirituelles pour honorer les esprits et se connecter avec une dimension plus élevée.
18. Écouter de la musique spirituelle pour se connecter avec l'énergie divine et s'ouvrir à des émotions plus profondes.
19. Participer à des cercles de guérison pour partager des énergies positives et recevoir des soins spirituels.
20. Pratiquer la visualisation créative pour se connecter avec ses aspirations spirituelles et manifester ses désirs dans la vie quotidienne.

Une histoire :

Il était une fois une femme nommée Ana, qui avait toujours senti qu'il manquait quelque chose dans sa vie. Elle avait une carrière réussie, une famille aimante et des amis fidèles, mais malgré tout cela, elle se sentait souvent déconnectée et insatisfaite.

Un jour, Ana a décidé d'explorer sa spiritualité. Elle avait entendu parler de la méditation et de la prière, mais n'avait jamais vraiment pris le temps de s'y plonger sérieusement. Elle a commencé à lire des livres sur différentes traditions spirituelles et a finalement trouvé un groupe de méditation dans sa ville.

Au début, la méditation était difficile pour Ana. Elle avait du mal à se concentrer et à rester immobile pendant de longues périodes. Mais elle était déterminée à persévérer, et au fil du temps, elle a commencé à ressentir un changement profond en elle-même.

Elle se sentait plus calme, plus connectée à son moi intérieur et plus en paix avec le monde qui l'entourait. Elle a également commencé à ressentir une compassion plus profonde pour les autres, et a commencé à chercher des moyens de mettre sa pratique spirituelle en action dans sa vie quotidienne.

Elle a commencé à faire du bénévolat dans une organisation locale qui aidait les sans-abri, et a trouvé une grande satisfaction dans le fait d'aider les autres sans rien attendre en retour. Elle a également commencé à avoir des conversations plus profondes avec ses amis et sa famille, et a réalisé qu'elle était capable de se connecter plus profondément avec les autres grâce à sa pratique spirituelle.

Au fil du temps, Ana a continué à approfondir sa pratique spirituelle, en explorant différents types de méditation et en élargissant ses connaissances sur les différentes traditions spirituelles du monde entier. Elle a également commencé à se sentir plus connectée à une force supérieure, et a trouvé un sens plus profond à sa vie.

En fin de compte, Ana a réalisé que la spiritualité était une voie pour découvrir une nouvelle dimension de son être, pour se connecter avec les autres et avec quelque chose de plus grand qu'elle-même. Elle a trouvé un nouveau bonheur dans sa vie qui n'était pas lié aux réalisations matérielles, mais à la découverte de sa propre âme et de sa place dans le monde.

Recherches scientifiques sur le lien entre la spiritualité et le bonheur

Il y a eu de nombreuses recherches scientifiques sur le lien entre la spiritualité et le bonheur, voici quelques exemples :

1. Une étude publiée dans la revue Journal of Happiness Studies a trouvé que les personnes qui avaient une pratique spirituelle régulière étaient plus heureuses et avaient une meilleure qualité de vie que celles qui n'en avaient pas.
2. Une recherche menée par des scientifiques de l'Université de Californie a montré que les personnes qui ont une pratique spirituelle ont des niveaux plus faibles de stress et d'anxiété.
3. Une étude publiée dans la revue Journal of Health Psychology a constaté que les personnes qui avaient des croyances spirituelles avaient une meilleure santé mentale et physique.
4. Une recherche menée par des scientifiques de l'Université de Miami a montré que les personnes qui avaient une pratique spirituelle avaient des niveaux plus élevés de satisfaction de vie.
5. Une étude publiée dans la revue Psychologie du développement a trouvé que les adolescents qui avaient des croyances spirituelles avaient une meilleure estime de soi et étaient moins susceptibles de se livrer à des comportements à risque.
6. Une recherche menée par des scientifiques de l'Université de Harvard a montré que la pratique régulière de la méditation peut réduire les symptômes de dépression et d'anxiété.

7. Une étude publiée dans la revue The Lancet a constaté que les personnes qui ont une pratique spirituelle ont des niveaux plus élevés de bien-être émotionnel.
8. Une recherche menée par des scientifiques de l'Université du Michigan a montré que les personnes qui ont des croyances spirituelles ont une meilleure qualité de vie et une plus grande satisfaction de vie.
9. Une étude publiée dans la revue Journal of Personality and Social Psychology a trouvé que les personnes qui ont une pratique spirituelle ont des niveaux plus élevés de résilience.
10. Une recherche menée par des scientifiques de l'Université de Pennsylvanie a montré que les personnes qui ont une pratique spirituelle ont des niveaux plus élevés de bonheur et de satisfaction de vie.

Ces études montrent que la pratique spirituelle peut avoir un impact positif sur le bonheur et la qualité de vie d'une personne.

VIII : Le bonheur de l'engagement

S'engager dans une cause qui nous tient à cœur, que ce soit en politique, dans la défense de l'environnement ou dans l'aide aux personnes en difficulté, pour donner un sens à sa vie et agir en accord avec ses valeurs.

Le bonheur de l'engagement est un sentiment profond qui naît lorsque nous nous investissons dans une cause qui nous dépasse et qui correspond à nos valeurs les plus profondes. Cet engagement peut prendre de nombreuses formes, mais il est toujours motivé par une volonté de changer le monde et de contribuer à la construction d'une société meilleure.

L'engagement politique est une des formes les plus courantes de l'engagement. En s'investissant dans un parti politique ou dans une association citoyenne, les personnes cherchent à faire entendre leur voix et à défendre leurs idées. Cela peut leur apporter un sentiment de fierté et de satisfaction, en sachant qu'ils ont contribué à la démocratie et à la prise de décision collective.

L'engagement social est également très répandu. Beaucoup de gens cherchent à aider les personnes en difficulté en s'engageant dans des associations caritatives ou humanitaires. Ils peuvent par exemple apporter leur aide aux personnes sans abri, aux réfugiés, aux malades ou aux personnes âgées. Cette forme d'engagement permet de ressentir un profond sentiment de compassion et de solidarité envers les plus vulnérables de notre société.

L'engagement environnemental est une autre forme d'engagement qui gagne en popularité. Les personnes s'investissent dans la protection de la nature, la lutte contre le changement climatique et la promotion du développement durable. Elles peuvent par exemple s'engager dans des associations de protection de l'environnement, organiser des marches pour le climat ou adopter des modes de vie écologiques. Cette forme d'engagement permet de se sentir en harmonie avec la nature et de contribuer à la préservation de notre planète.

Mais l'engagement ne se limite pas aux causes politiques, sociales ou environnementales. Il peut également prendre d'autres formes, comme l'engagement artistique, l'engagement sportif ou l'engagement religieux. Dans tous les cas, l'engagement permet de se sentir vivant et actif, de donner un sens à sa vie et de se sentir utile.

Il existe de nombreuses recherches scientifiques sur le bonheur de l'engagement. Les études ont montré que les personnes engagées dans une cause qui leur tient à cœur ont un plus grand sentiment de bien-être et de satisfaction dans leur vie. Elles sont plus résilientes face aux difficultés et ont une meilleure estime d'elles-mêmes. De plus, l'engagement permet de tisser des liens sociaux forts, de rencontrer des gens partageant les mêmes valeurs et de s'entourer d'une communauté solidaire.

Le bonheur de l'engagement peut également avoir des effets bénéfiques sur la santé mentale et physique. Les personnes engagées ont moins de risques de développer une dépression ou un trouble anxieux, et elles ont une meilleure qualité de vie en général. L'engagement peut également avoir un impact positif sur la santé physique, en réduisant les risques de maladies cardiovasculaires ou de cancers.

En conclusion, le bonheur de l'engagement est un sentiment profond qui naît lorsque nous nous investissons dans une cause qui nous tient à cœur.

20 exemples

1. S'engager dans une association pour lutter contre la pauvreté et l'exclusion sociale
2. S'investir dans une organisation caritative pour aider les personnes atteintes de maladies rares
3. Participer à des manifestations pour la défense des droits des femmes et des minorités
4. Militer pour la protection de l'environnement en participant à des actions de sensibilisation et de nettoyage de la nature
5. Donner son temps pour aider des enfants en difficulté scolaire à travers des associations d'aide aux devoirs
6. Soutenir des associations qui œuvrent pour la protection des animaux et la lutte contre la maltraitance animale
7. Participer à des programmes de mentorat pour aider des jeunes à trouver leur voie professionnelle
8. S'impliquer dans des projets de construction de logements sociaux pour les personnes défavorisées
9. Travailler bénévolement dans des associations qui offrent des soins de santé gratuits aux populations les plus vulnérables
10. S'engager dans des programmes de sensibilisation pour la lutte contre la stigmatisation des personnes atteintes de maladies mentales

11. S'investir dans des organisations qui luttent contre les discriminations liées à l'orientation sexuelle
12. Participer à des missions humanitaires pour apporter de l'aide aux populations en situation de crise (guerres, catastrophes naturelles, etc.)
13. Soutenir des initiatives de réinsertion sociale pour les personnes en situation de précarité ou de détention
14. S'engager dans des projets de développement économique pour les communautés rurales défavorisées
15. Participer à des actions pour lutter contre le gaspillage alimentaire et favoriser la distribution de nourriture aux personnes les plus démunies
16. S'impliquer dans des programmes de lutte contre la pauvreté et l'injustice sociale dans les pays en développement
17. Travailler bénévolement dans des associations qui offrent des soins palliatifs aux personnes en fin de vie
18. S'engager dans des projets pour la réduction de l'empreinte carbone et la promotion de modes de vie durables
19. Soutenir des organisations qui offrent des services d'aide juridique gratuits aux populations les plus vulnérables
20. Participer à des projets pour lutter contre les discriminations liées à la race et à l'origine ethnique.

Il existe de nombreuses façons de s'engager dans une cause qui nous tient à cœur et chacune d'entre elles peut apporter une satisfaction personnelle immense. L'important est de trouver une cause qui nous inspire et dans laquelle on croit vraiment, et de donner le meilleur de soi-même pour aider les autres et contribuer à un monde meilleur.

Une histoire :

Il était une fois, dans une petite ville côtière, un jeune homme nommé Thomas. Depuis son plus jeune âge, il avait toujours été passionné par la protection de l'environnement et avait fait de nombreux efforts pour réduire son impact sur la planète. Il avait commencé en triant les déchets chez lui, en économisant l'eau et en éteignant les lumières lorsqu'il ne les utilisait pas. Mais il voulait faire plus, et il savait que son véritable appel était à l'extérieur de chez lui, dans la nature.

Un jour, en se promenant sur la plage, il a remarqué que de nombreux déchets s'étaient accumulés le long du rivage. Il a été choqué de voir à quel point les gens pouvaient être irrespectueux de la nature. Au lieu de se lamenter sur la situation, Thomas a décidé d'agir. Il a commencé par ramasser tous les déchets qu'il pouvait porter à la main, mais il a vite compris que cela ne suffirait pas.

Il a alors décidé de créer un groupe d'action pour la protection de l'environnement local. Il a commencé à organiser des nettoyages de plage réguliers et à sensibiliser la population à l'importance de prendre soin de la nature. Son groupe a rapidement attiré l'attention des médias locaux et des politiciens, qui ont commencé à prendre au sérieux la question de la pollution.

Au fil des années, le groupe de Thomas est devenu un véritable mouvement, rassemblant des centaines de personnes soucieuses de l'environnement qui travaillaient ensemble pour protéger la nature. Ils ont organisé des pétitions, des marches et des événements pour sensibiliser le public à la cause. Ils ont également travaillé avec les entreprises locales pour encourager des pratiques plus durables et ont collaboré avec les écoles pour enseigner aux enfants l'importance de la protection de la nature.

Grâce à leur travail acharné et à leur engagement, la petite ville côtière est devenue un modèle de durabilité et d'écologie pour les autres villes de la région. Les plages sont maintenant propres et sûres pour la baignade, la faune a été préservée et la qualité de l'air s'est améliorée. Le groupe de Thomas a reçu de nombreux prix et distinctions pour son travail et est devenu une source d'inspiration pour d'autres groupes de protection de l'environnement à travers le pays.

Pour Thomas, l'engagement envers la protection de l'environnement était bien plus qu'un simple travail ou une activité de loisir. C'était une passion, une vocation et un mode de vie. Il savait que son travail avait un impact positif sur le monde et il était heureux de savoir que chaque jour, il faisait une différence.

Recherches scientifiques qui ont exploré la relation entre l'engagement dans des causes et le bonheur

Il y a plusieurs recherches scientifiques qui ont exploré la relation entre l'engagement dans des causes et le bonheur. Voici quelques exemples :

- Une étude publiée en 2019 dans la revue Social Science & Medicine a révélé que les personnes qui s'engagent dans des activités bénévoles sont plus heureuses et ont une meilleure santé mentale que celles qui ne le font pas.

- Une autre étude publiée en 2019 dans la revue Journal of Happiness Studies a montré que les personnes qui s'engagent dans des activités politiques ont une plus grande satisfaction de la vie que celles qui ne le font pas.
- Une recherche menée par l'Université de Harvard a révélé que les personnes qui donnent de l'argent à des œuvres de bienfaisance sont plus heureuses que celles qui gardent l'argent pour elles-mêmes.
- Une étude menée par des chercheurs de l'Université de Zurich a montré que les personnes qui s'engagent dans des activités écologiques sont plus heureuses et plus satisfaites de leur vie que celles qui ne le font pas.
- Une étude publiée dans la revue Psychological Science a révélé que les personnes qui s'engagent dans des actions pro-sociales (par exemple, aider un ami ou donner de l'argent à une œuvre de bienfaisance) ont une plus grande satisfaction de la vie que celles qui ne le font pas.
- Une étude menée par des chercheurs de l'Université de Californie à Berkeley a montré que les personnes qui s'engagent dans des activités altruistes ont une plus grande activité dans les zones du cerveau associées à la récompense et à la satisfaction.
- Une étude publiée dans la revue Social Psychology and Personality Science a révélé que les personnes qui s'engagent dans des activités politiques sont plus heureuses et ont une meilleure santé mentale que celles qui ne le font pas.
- Une étude menée par des chercheurs de l'Université de Stanford a montré que les personnes qui s'engagent dans des activités de volontariat ont une plus grande satisfaction de la vie que celles qui ne le font pas.
- Une recherche menée par l'Université de l'Illinois a révélé que les personnes qui s'engagent dans des activités de bénévolat ont une plus grande satisfaction de la vie que celles qui ne le font pas.
- Une étude menée par des chercheurs de l'Université de Northwestern a montré que les personnes qui s'engagent dans des activités de bénévolat ont une plus grande satisfaction de la vie que celles qui ne le font pas.

Ces recherches montrent toutes que l'engagement dans des causes peut être associé à une plus grande satisfaction de la vie et à un plus grand bonheur.

IX : Le bonheur de la curiosité

Être curieux de tout, de la science à la philosophie en passant par l'art ou la culture, pour élargir ses horizons, développer sa créativité et nourrir sa soif de connaissances.

La curiosité est un trait de personnalité essentiel qui pousse les êtres humains à explorer le monde qui les entoure, à poser des questions, à chercher des réponses et à comprendre comment les choses fonctionnent. La curiosité peut prendre de nombreuses formes, allant de la simple curiosité intellectuelle à la curiosité créative, en passant par la curiosité sociale ou la curiosité pratique.

Le bonheur de la curiosité se manifeste lorsque nous nous sentons excités, stimulés et engagés dans nos explorations, lorsque nous sommes en mesure de découvrir de nouvelles idées, de nouvelles perspectives et de nouvelles expériences qui élargissent notre vision du monde et nous donnent une meilleure compréhension de nous-mêmes et de notre place dans l'univers.

La curiosité peut être nourrie de plusieurs façons, que ce soit en lisant des livres, en regardant des films, en écoutant de la musique, en visitant des musées, en voyageant ou en discutant avec des gens. Les bénéfices de la curiosité sont nombreux, allant de l'amélioration de l'apprentissage et de la mémoire à la stimulation de la créativité et à la réduction du stress et de l'anxiété.

Des études scientifiques ont montré que la curiosité est associée à un bien-être émotionnel accru, à une meilleure santé mentale et à une meilleure qualité de vie. Les personnes curieuses sont plus susceptibles de se sentir satisfaites de leur vie, de ressentir moins de stress et d'anxiété, d'avoir des relations plus satisfaisantes et de vivre plus longtemps.

L'un des aspects les plus intéressants de la curiosité est qu'elle peut être développée et entretenue tout au long de la vie. En effet, plus nous explorons le monde, plus nous avons de chances de découvrir de nouvelles choses et d'enrichir notre vie de manière significative.

Parmi les nombreux avantages de la curiosité, on peut notamment citer :

- L'amélioration de l'apprentissage et de la mémoire : les personnes curieuses sont plus susceptibles d'apprendre de nouvelles choses et de les retenir plus longtemps.

- La stimulation de la créativité : la curiosité peut aider à élargir notre imagination et à stimuler notre créativité.
- La réduction du stress et de l'anxiété : la curiosité peut aider à réduire le stress et l'anxiété en nous permettant de nous concentrer sur autre chose que nos préoccupations quotidiennes.
- L'amélioration de la santé mentale : les personnes curieuses sont moins susceptibles de souffrir de dépression, d'anxiété et d'autres troubles mentaux.
- La stimulation de la croissance personnelle : la curiosité peut aider à élargir notre vision du monde et à nous aider à mieux comprendre notre place dans l'univers.
- L'élargissement des horizons : la curiosité peut nous aider à découvrir de nouveaux centres d'intérêt et de nouvelles passions.
- L'amélioration des relations sociales : la curiosité peut aider à améliorer les relations sociales en nous aidant à mieux comprendre les autres et à mieux communiquer avec eux.
- Développement de la confiance en soi : lorsque nous sommes curieux, nous sommes plus disposés à sortir de notre zone de confort et à essayer de nouvelles choses. Ce processus peut aider à renforcer notre confiance en nous-mêmes en nous montrant que nous sommes capables d'acquérir de nouvelles compétences et de relever de nouveaux défis.
- Renforcement de la résilience : la curiosité peut également aider à renforcer notre résilience en nous permettant de voir les difficultés comme des opportunités d'apprentissage. Lorsque nous sommes curieux, nous sommes plus enclins à chercher des solutions créatives aux problèmes et à persévérer malgré les échecs.

Une histoire :

Il était une fois un petit garçon nommé Thomas, qui avait un goût insatiable pour la découverte de nouvelles choses. Depuis son plus jeune âge, il était curieux de tout et ne se lassait jamais de poser des questions pour en apprendre davantage. Cela faisait de lui un enfant très différent de ses camarades, qui étaient plus intéressés par les jeux vidéo ou les sports.

Un jour, alors qu'il se promenait dans la forêt près de chez lui, Thomas aperçut une petite plante qu'il n'avait jamais vue auparavant. Intrigué, il s'approcha et commença à l'observer attentivement. Il remarqua alors des détails fascinants sur ses feuilles, ses tiges et ses fleurs, et se mit à se demander comment cette plante pouvait pousser dans cet environnement.

Cette découverte avait éveillé sa curiosité, et il passa le reste de la journée à explorer la forêt, cherchant de nouvelles plantes et animaux qu'il n'avait jamais vus auparavant. À chaque découverte, sa soif de connaissances grandissait, et il se sentait de plus en plus heureux et comblé.

Cela devint une habitude pour Thomas, qui passait la plupart de son temps libre à explorer le monde qui l'entourait. Il lisait des livres, regardait des documentaires, visitait des musées et des galeries d'art, et cherchait constamment de nouvelles façons de nourrir sa curiosité.

Sa passion pour la découverte finit par attirer l'attention de ses enseignants, qui remarquèrent son intelligence et son ouverture d'esprit. Ils l'encouragèrent à poursuivre ses études en sciences, où il put se consacrer pleinement à sa passion pour la découverte.

Des années plus tard, Thomas devint un scientifique renommé, travaillant dans un laboratoire de recherche de pointe. Mais malgré son succès, il n'avait jamais perdu sa curiosité et sa soif de connaissances. Chaque jour, il continuait à explorer de nouveaux domaines de la science, cherchant des réponses à des questions que personne n'avait jamais posées auparavant.

Et c'est ainsi que Thomas vécut une vie remplie de bonheur et de satisfaction, grâce à sa curiosité sans fin et sa passion pour la découverte.

Recherches scientifiques sur le bonheur de la curiosité

Voici quelques recherches scientifiques sur le bonheur de la curiosité :

- Une étude de 2009 menée par le professeur Todd Kashdan de l'Université George Mason a montré que les personnes qui ont un fort désir de connaître de nouvelles choses sont plus heureuses, plus épanouies et plus satisfaites de leur vie que celles qui n'ont pas cette curiosité.
- Une autre étude de 2015 publiée dans la revue Personality and Social Psychology Bulletin a révélé que les personnes qui sont curieuses ont tendance à se sentir plus positives et plus engagées dans leur vie que celles qui ne le sont pas.

- Une étude de 2016 menée par des chercheurs de l'Université de Californie à Irvine a montré que la curiosité peut aider à réduire l'anxiété et le stress en nous permettant de nous concentrer sur des choses qui nous intéressent plutôt que sur nos préoccupations.
- Une étude de 2018 publiée dans la revue Social Psychological and Personality Science a montré que les personnes qui sont curieuses ont tendance à être plus tolérantes et plus ouvertes d'esprit que celles qui ne le sont pas.
- Enfin, une étude de 2020 publiée dans la revue Emotion a montré que la curiosité peut aider à améliorer notre bien-être en nous aidant à mieux réguler nos émotions et à faire face aux défis de la vie avec plus de résilience.

Ces recherches montrent que la curiosité peut jouer un rôle important dans notre bien-être et notre bonheur.

X : Le bonheur de l'acceptation

Accepter ses faiblesses, ses erreurs et ses imperfections, pour développer l'amour de soi, la confiance en soi et la compassion envers les autres.

Le bonheur de l'acceptation est une expérience profonde et transformative qui peut apporter une grande paix intérieure et une joie durable. Accepter ses faiblesses et ses erreurs peut sembler difficile, mais cela peut libérer un potentiel incroyable pour une vie plus épanouissante et équilibrée. En acceptant nos imperfections, nous développons une compassion envers les autres et nous devenons plus tolérants envers nous-mêmes.

L'acceptation de soi peut être difficile pour de nombreuses raisons, notamment les normes sociales et culturelles qui nous obligent à atteindre des standards élevés en matière de réussite, de beauté et de comportement. Les pressions sociales peuvent nous amener à nous comparer constamment aux autres, à nous juger et à nous critiquer durement pour nos échecs ou nos faiblesses perçus. Cependant, l'acceptation de soi est essentielle pour vivre une vie heureuse et satisfaisante, car elle permet de se libérer de l'auto-jugement et de la honte.

L'acceptation de soi ne signifie pas que nous devrions abandonner la croissance personnelle ou que nous ne devrions pas chercher à nous améliorer. Au contraire, l'acceptation de soi nous permet de commencer à partir de l'endroit où nous sommes, en embrassant notre situation actuelle et en trouvant des moyens d'évoluer à partir de là. Cela peut aider à libérer l'énergie créative qui peut être utilisée pour poursuivre nos objectifs et réaliser nos rêves.

L'acceptation de soi peut également améliorer nos relations avec les autres, car elle nous permet de voir les autres avec plus de compassion et de tolérance. Nous sommes plus disposés à accepter les faiblesses et les erreurs des autres, ce qui peut améliorer la qualité de nos relations et notre capacité à travailler en équipe. Nous sommes également plus disposés à pardonner les autres et à renoncer aux rancœurs, ce qui peut conduire à une plus grande paix intérieure et à une meilleure santé mentale.

De plus, l'acceptation de soi peut aider à réduire l'anxiété, la dépression et le stress. En acceptant nos pensées et nos émotions négatives, nous pouvons libérer de l'énergie mentale qui peut être utilisée pour des activités plus positives et épanouissantes. Cela peut améliorer notre qualité de vie et notre bien-être général.

Il existe de nombreuses façons de cultiver l'acceptation de soi, notamment la méditation, la thérapie, la pratique de l'amour de soi et l'apprentissage de la pleine conscience. La méditation peut aider à calmer l'esprit et à développer une plus grande conscience de soi, tandis que la thérapie peut aider à identifier les schémas de pensée négatifs et à développer des stratégies pour les surmonter. La pratique de l'amour de soi peut aider à cultiver l'acceptation de soi et à développer une relation plus aimante avec soi-même, tandis que la pleine conscience peut aider à se concentrer sur le moment présent et à vivre avec plus de gratitude et de compassion.

Recherches scientifiques sur le bonheur de l'acceptation

Il existe de nombreuses recherches scientifiques sur le bonheur de l'acceptation, voici quelques exemples :

- Une étude publiée en 2014 dans la revue "Mindfulness" a montré que les personnes qui pratiquent l'acceptation de soi ont des niveaux plus élevés de bien-être émotionnel et de satisfaction dans la vie. Ils ont également une meilleure capacité à faire face au stress et à réguler leurs émotions.
- Une autre étude, publiée en 2018 dans la revue "Personality and Individual Differences", a révélé que l'acceptation de soi était associée à une meilleure estime de soi, à une réduction de l'anxiété et de la dépression, ainsi qu'à une meilleure qualité de vie.
- En 2016, une étude publiée dans le journal "Social Psychological and Personality Science" a montré que l'acceptation de soi était liée à des niveaux plus élevés de bonheur et de satisfaction dans la vie, ainsi qu'à une plus grande résilience face aux événements stressants.
- Une recherche menée en 2015 a montré que l'acceptation de soi était associée à des niveaux plus élevés de bien-être émotionnel chez les personnes atteintes de maladies chroniques, telles que le cancer.
- Une étude publiée en 2017 dans le "Journal of Positive Psychology" a révélé que les personnes qui pratiquent l'acceptation de soi ont des niveaux plus élevés de gratitude, de compassion et de satisfaction dans la vie.

Ces recherches montrent que l'acceptation de soi est un élément clé du bonheur et du bien-être émotionnel. En acceptant

Une histoire

Il était une fois un petit village dans lequel vivait une jeune fille nommée Amina. Amina était très douée pour la danse, elle adorait bouger son corps et se perdre dans les mouvements. Elle avait toujours été passionnée par la danse depuis qu'elle était toute petite. Malgré son amour pour la danse, elle n'avait jamais osé le partager avec les autres, de peur d'être jugée ou critiquée.

Un jour, une troupe de danseurs professionnels est venue dans le village pour donner un spectacle. Amina était si émerveillée par leur talent qu'elle a décidé de leur demander s'ils pouvaient l'aider à améliorer sa propre danse. Les danseurs professionnels ont accepté de l'aider et ont commencé à lui donner des cours particuliers.

Au début, Amina était très timide et mal à l'aise. Elle se sentait jugée et se critiquait elle-même pour chaque petit mouvement qu'elle faisait. Mais au fil du temps, elle a appris à s'accepter telle qu'elle était. Elle a appris à aimer ses faiblesses, ses erreurs et ses imperfections, car c'était ce qui faisait d'elle une danseuse unique et authentique.

Amina a appris à être en paix avec elle-même, à ne pas se comparer aux autres et à ne pas essayer de plaire à tout le monde. Elle a commencé à se concentrer sur ce qu'elle aimait vraiment dans la danse, plutôt que de se soucier de l'opinion des autres. Elle a trouvé la liberté dans l'acceptation de soi.

Lorsque la troupe de danseurs professionnels est retournée dans le village pour donner un autre spectacle, Amina a décidé de se joindre à eux. Elle a dansé avec tout son cœur, en toute confiance et en toute simplicité. Les gens ont été émerveillés par sa danse, car ils ont vu à travers elle la joie et l'amour qu'elle avait pour la danse.

Amina avait trouvé le bonheur de l'acceptation. Elle avait appris à s'accepter elle-même et à accepter les autres tels qu'ils étaient. Elle avait trouvé la paix intérieure et la liberté d'être elle-même, sans peur ni jugement. Sa danse avait pris une toute nouvelle signification et elle avait trouvé le bonheur dans l'acceptation de soi.

Voici 20 exemples

1. Se libérer du stress en acceptant que l'on ne peut pas tout contrôler
2. Accepter ses erreurs et apprendre de ses échecs pour grandir
3. Apprécier ses qualités et ses défauts pour se sentir en paix avec soi-même
4. Accepter les différences des autres pour créer des liens plus profonds et authentiques
5. Se détacher des opinions des autres pour suivre sa propre voie
6. Accepter les changements de la vie pour s'adapter et avancer
7. Accepter les moments difficiles pour mieux apprécier les moments heureux
8. Accepter les limites de son corps pour mieux en prendre soin
9. Se libérer du jugement et de la critique envers soi-même et envers les autres
10. Accepter les imperfections de son entourage pour apprécier leurs qualités
11. Apprendre à lâcher prise pour vivre dans le moment présent
12. Accepter les différences culturelles pour mieux comprendre le monde qui nous entoure
13. Accepter les changements de la société pour mieux contribuer à un avenir meilleur
14. Accepter les moments de solitude pour mieux se connaître et se connecter avec soi-même
15. Accepter les critiques constructives pour améliorer sa propre performance
16. Accepter les compliments et apprécier sa propre valeur
17. Accepter la fin d'une relation pour mieux apprécier les expériences futures
18. Accepter les émotions négatives pour mieux comprendre leurs causes et les gérer
19. Accepter les différences religieuses pour mieux respecter les croyances des autres
20. Accepter les moments d'incertitude pour mieux se préparer à l'avenir.

Ces exemples montrent comment l'acceptation peut apporter le bonheur en permettant de se libérer des pressions et des attentes, en appréciant les qualités et les différences de soi et des autres, et en vivant pleinement dans le moment présent.

Conclusion

En refermant les pages de "Le bonheur extraordinaire", nous espérons que vous avez trouvé une source d'inspiration et de motivation pour poursuivre votre quête du bonheur authentique. Ce livre vous a offert un aperçu des dix bonheurs extraordinaires et des preuves scientifiques qui les soutiennent, vous invitant à explorer de nouvelles voies pour trouver le bonheur dans votre vie quotidienne.

Nous avons découvert ensemble l'importance des micro-actions, du partage, de l'exploration, de la créativité, de la nature, de l'altruisme, de la spiritualité, de l'engagement, de la curiosité et de l'acceptation. Chacun de ces bonheurs a le pouvoir de transformer notre vie et de nous apporter une plus grande satisfaction et épanouissement.

Nous avons également exploré comment ces différentes dimensions du bonheur se complètent et se renforcent mutuellement. En combinant ces bonheurs, nous avons découvert la richesse et la profondeur qui peuvent découler de l'intégration de multiples sources de joie dans notre vie.

La science nous a montré que le bonheur n'est pas une destination finale, mais plutôt un voyage continu. C'est un état d'esprit que nous pouvons cultiver et développer tout au long de notre vie. En intégrant les principes et les pratiques présentés dans ce livre, vous avez maintenant les outils nécessaires pour poursuivre cette quête du bonheur extraordinaire.

Rappelez-vous que le bonheur réside dans les petits moments, dans les actions quotidiennes et dans la pleine conscience de notre expérience. Il réside dans la gratitude pour ce que nous avons, dans la générosité envers les autres et dans la connexion profonde avec notre moi intérieur.

Nous vous encourageons à continuer à explorer, à expérimenter et à trouver votre propre chemin vers le bonheur extraordinaire. Le voyage peut être parsemé d'obstacles et de défis, mais avec une attitude positive, une ouverture d'esprit et la persévérance, vous pouvez créer une vie emplie de joie et d'épanouissement.

Nous vous remercions d'avoir fait partie de ce voyage à la recherche du bonheur extraordinaire. Nous espérons que ce livre a semé les graines du changement et a allumé une étincelle de motivation en vous. Puissiez-vous embrasser ces dix bonheurs extraordinaires et vivre une vie remplie de bonheur, d'épanouissement et de satisfaction.

Formules extraordinaires du bonheur

Il est possible de combiner plusieurs types de bonheur pour créer de nouvelles formules extraordinaires de bonheur. Voici quelques exemples de combinaisons possibles :

- Le bonheur de l'altruisme et de l'engagement : s'engager dans une cause qui nous tient à cœur et aider les autres de manière désintéressée peut être une source de bonheur immense.
- Le bonheur de la créativité et de l'exploration : explorer de nouveaux horizons créatifs, qu'il s'agisse de l'art, de la musique ou de la littérature, peut être une expérience passionnante et enrichissante.
- Le bonheur de la curiosité et de la nature : être curieux de découvrir la nature et de comprendre ses merveilles peut être une source de joie et de fascination.
- Le bonheur de la spiritualité et de l'acceptation : pratiquer la spiritualité peut aider à accepter ses faiblesses et ses imperfections, ce qui peut conduire à une plus grande paix intérieure et un plus grand bonheur.
- Le bonheur des micro-actions et du partage : partager de petites actions positives avec les autres peut avoir un impact significatif sur leur vie et nous rendre heureux en retour.
- Le bonheur de l'engagement et de la nature : s'engager dans la protection de l'environnement et de la nature peut être une source de bonheur et de satisfaction personnelle.
- Le bonheur de la créativité et de l'acceptation : être créatif peut aider à exprimer ses émotions et ses sentiments, ce qui peut conduire à une plus grande acceptation de soi et une plus grande paix intérieure.
- Le bonheur de la curiosité et de l'exploration : être curieux de découvrir de nouveaux horizons peut être une source d'inspiration et de motivation pour explorer de nouvelles opportunités et de nouveaux défis.
- Le bonheur de l'altruisme et de la nature : aider les autres à se connecter avec la nature et à apprécier ses bienfaits peut être une source de bonheur et de satisfaction personnelle.
- Le bonheur de la spiritualité et de l'engagement : pratiquer la spiritualité peut aider à trouver un sens profond à sa vie et à s'engager dans des causes qui nous tiennent à cœur.
- Le bonheur de l'exploration et le bonheur de la nature : se promener dans la nature, découvrir de nouveaux endroits et explorer les merveilles de la nature

peut être une expérience extraordinaire qui combine l'exploration et le bonheur de la nature.

- Le bonheur de la créativité et le bonheur de l'engagement : s'engager dans un projet créatif qui est important pour nous peut être une source de bonheur inestimable, en combinant la satisfaction de créer avec le sentiment d'avoir un but significatif.
- Le bonheur de la curiosité et le bonheur de l'acceptation : être curieux de comprendre les autres et de s'accepter soi-même, même dans nos défauts, peut conduire à un bonheur plus profond en acceptant la vie telle qu'elle est.
- Le bonheur des micro-actions et le bonheur de l'altruisme : faire de petites actions pour aider les autres peut être un moyen gratifiant de combiner les deux formes de bonheur, en aidant les autres tout en nous rappelant que nos actions ont un impact positif.
- Le bonheur de la nature et le bonheur de la spiritualité : passer du temps dans la nature peut nous aider à nous connecter avec quelque chose de plus grand que nous, nous aidant à trouver un sens plus profond dans notre vie.
- Le bonheur de l'exploration et le bonheur de la curiosité : explorer de nouveaux domaines de connaissance et de nouvelles idées peut être une expérience passionnante qui combine les deux formes de bonheur.
- Le bonheur de l'acceptation et le bonheur de la nature : accepter la nature telle qu'elle est, sans chercher à la contrôler, peut être un moyen puissant de trouver la paix intérieure et d'apprécier la beauté du monde qui nous entoure.
- Le bonheur de l'engagement et le bonheur de l'altruisme : s'engager dans une cause qui nous tient à cœur peut être une source de bonheur durable, en aidant les autres et en faisant une différence dans le monde.
- Le bonheur de la créativité et le bonheur de la nature : créer dans un environnement naturel peut être une expérience merveilleuse qui combine l'inspiration de la nature avec le pouvoir de la création.
- Le bonheur de l'exploration et le bonheur de l'acceptation : explorer de nouveaux endroits tout en acceptant ce qui se présente peut-être une source de bonheur.

Toutes ces combinaisons peuvent créer de nouvelles formes de bonheur extraordinaires, qui peuvent nous aider à atteindre notre plein potentiel et à vivre une vie épanouissante et satisfaisante

Table des matières

Printed by Books on Demand GmbH, Norderstedt / Germany